ESPASA
PRACTICO

CONÓCETE MEJOR

Descubre tu personalidad

Javier de las Heras

ESPASA CALPE

ESPASA PRÁCTICO

Director Editorial: Javier de Juan y Peñalosa
Editora: Constanza Aguilera
Diseño: Víctor Parra
Ilustración de cubierta: Paniagua & Calleja

Depósito legal: M. 106-1995
ISBN: 84-239-8970-4

Impreso en España / Printed in Spain
Impresión: Mateu Cromo Artes Gráficas, S. A.

Editorial Espasa Calpe, S. A.
Carretera de Irún, km 12,200. 28049 Madrid

ÍNDICE

PRÓLOGO

Un libro sobre la personalidad siempre es una tarea meritoria. La personalidad es como un pueblo: hay en ella muchas cosas a la vez. Calles, casas, gente; y cada calle, cada casa, cada individuo es un mundo rico, amplio, variado. *El psiquiatra es un perforador de superficies.* Bajamos a los sótanos de la personalidad y recorremos sus pasadizos más ocultos, para descubrir allí la última razón de la conducta. *La personalidad significa lo más propio y particular de cada uno, lo que nos define en una doble vertiente: hacia fuera y hacia dentro.* Cara a la galería y en nuestro fuero interno.

Hay dos instancias en ella: el *yo,* que es su centro geométrico, y la *personalidad propiamente dicha.* El primero es más interior, por eso es un concepto descriptivo. La segunda es exterior, pudiendo ser captada a través de la conducta y también de la afectividad, la inteligencia, la conciencia y todo el campo de las sensopercepciones. Una y otra son estudiadas por separado en el campo de la psicopatología.

Existen más de tres centenares de definiciones sobre qué es la personalidad. El autor del presente libro opta por una, muy didáctica, que integra en su seno aspectos físicos, psicológicos y socioculturales. Pero las *teorías sobre la personalidad* descansan sobre modelos explicativos, que tratan de verificar construcciones hipotéticas. Estos modelos se agrupan esencialmente en tres distritos: *biológicos* (morfológicos, bioquímicos, psicosomáticos y cronofisiológicos), *psicológicos* (antropológicos, conductistas, cognitivos, psicodinámicos o freudianos, modelos de aprendizaje y conexionistas) y *socio-*

culturales (modelo funcional skinneriano, asertivos, ligados a los condicionamientos de cultura).

El doctor De las Heras ha sabido hacer una visión global del tema. Es mérito suyo haber buceado en esas vertientes, para adentrarse en los pliegues y recodos de este mar sin orillas que es la personalidad.

El libro consta de tres partes. Una primera titulada *¿Qué es la personalidad?*, que recoge en un fino análisis los aspectos sanos, normales, de la misma, así como su conexión con los grandes temas del hombre: el amor, la voluntad, los sentimientos y las emociones, la intuición, etc. La segunda parte penetra en los principales *trastornos de la personalidad.* Decía Kretschmer que una personalidad enferma es aquella que sufre y hace sufrir. Los psiquiatras sabemos que estos desajustes son contagiosos, de tal manera que en una familia o comunidad en la que hay una o varias personas desequilibradas, tienden a desequilibrarse las demás, por un fenómeno de contaminación psicológica. Uno de los principales aciertos del criticado DSM-III-R de la American Psychiatric Association es haber tipificado y diseñado con claridad esta galería de enfermos de la personalidad. Por esas páginas desfilan las personalidades inestables, dependientes, desconfiadas, inmaduras, obsesivas o histéricas. En esos recorridos uno se va explorando a sí mismo, y de algún modo, suspende la lectura momentáneamente y hace balance propio.

En la tercera parte todo es *tratamiento.* La medicina es ciencia, pero también arte. El psiquiatra tiene una herramienta decisiva: la psicoterapia. Es decir, la capacidad para modificar las aristas y salientes que no son sanos en la estructura personal y que deben ser limados y pulidos y corregidos por el psicoterapeuta. *La psicoterapia es un encuentro en el que el médico propone otras vías de comportamiento, haciéndolas sugerentes.* Por eso es en ella en donde pone lo mejor y más propio de sí mismo.

Decía uno de mis maestros, el profesor Rojas Ballesteros, que la enfermedad psíquica no es más que un orden perdido que es menester recuperar, y que la psicoterapia es un puente levadizo hacia la península del equilibrio y la salud mental.

En el templo de Apolo, en Grecia, había una inscripción en el frontispicio de la entrada que decía: *conócete a ti mismo*. Esta debe ser la puerta de entrada, la condición *sine qua non* para construir un edificio psicológico sólido, con fundamento, capaz de resistir los embates y luchas que cualquier vida trae consigo. *Si toda filosofía es meditación sobre la vida, la biografía es el libro en blanco en el que vamos escribiendo con nuestra conducta*. Ahí se registran alegrías y tristezas, aciertos y errores, tachaduras y renglones torcidos. Porque cualquier trayectoria existencial está tejida de sensaciones y experiencias caleidoscópicas: hay en ella de todo.

En la personalidad hay un conjunto bifronte: lo actual y lo potencial. Lo que es hoy y ahora, lo que ha sido, lo que se registra a través de su trayecto, por un lado. Y, por otro, lo que puede dar de sí el fondo imprevisible. Por eso, representa una instancia intermedia entre los estímulos externos y lo que se lleva almacenado dentro. En términos de la psicología cognitiva, diríamos que hay un *input* o entrada de energía estimular e informativa; un *procesamiento de esa información*, que no es otra cosa que una codificación y ordenación de todo lo recibido; y una fase ulterior, el *output* o salida de respuestas. Nuestra mente contiene un sistema vivo que opera integrando todo lo que llega de fuera y de dentro.

La psicoterapia es fecunda cuando se hace con amor. Hay que partir de los fallos y defectos en la edificación de la misma. Nosotros, en la consulta diaria, solicitamos a nuestros pacientes que nos den autoinformes, en los que les pedimos que por escrito, haciendo una reflexión sobre sí mismos, nos digan qué quitarían y qué añadirían a su personalidad para encontrarse más a gusto consigo mismos, y también, qué sería para ellos alcanzar una cierta madurez.

En esta última parte, el lector navega por mares tormentosos, pero esperanzadores. El doctor De las Heras pilota la embarcación para evitar que ésta tropiece con arrecifes y zonas arenosas, quedando encallada en la geografía de *lo neurótico.* Si tuviéramos que poner el acento en algunas características esenciales de la personalidad enferma en general, nos quedaríamos con la *inseguridad,* el *complejo de inferioridad,* la *inestabilidad emocional* y la *incapacidad para superar y digerir el pasado.* Esta *tetralogía básica* atrapa en sus redes e impide avanzar.

En este libro hay orden, sistemática, sencillez en la exposición, ilustraciones de citas y textos bien traídos a colación y, por encima de todo, rigor psicológico y clínico.

Me honra presentar al autor, directo colaborador en mi equipo de psiquiatría.

ENRIQUE ROJAS.
Catedrático de Psiquiatría.

CAPÍTULO I

¿QUÉ ES LA PERSONALIDAD?

¿A qué llamamos personalidad?

El término «personalidad», *personality* en inglés, *personnalité* en francés o *persönlichkeit* en alemán, proviene del latín medieval *personalitas* (ya que en el latín clásico solamente se usaba el término *persona*), que significa «máscara». Este concepto no hace exclusiva referencia a las apariencias externas de la forma de ser de alguien, ya que «persona» también significaba otras cosas, entre ellas el actor que la máscara ocultaba, es decir, el verdadero conjunto de sus cualidades internas y personales[1].

La personalidad constituye una forma particular y peculiar de ser, organizada en una estructura psicológica integrada por determinados rasgos psíquicos, fisiológicos y morfológicos, estrechamente relacionados entre sí, que se manifiestan por una conducta, pensamiento y afectividad que caracterizan a quien los posee.

La personalidad es lo que más define la esencia de una persona, su identidad particular. Es tan compleja, reúne tantos componentes diferentes (hábitos, aptitudes, intereses, instintos, tendencias, necesidades, sentimientos, ideas, formas de reaccionar, características morfológicas, etc.), que bien **se puede afirmar que no existen dos personas con la misma personalidad.**

---

[1] G. W. ALLPORT, *La personalidad. Su configuración y desarrollo*, Herder, Barcelona, 1986. Para más información sobre la etimología de la personalidad, véase G. W. ALLPORT, *Personality: a psychological interpretation*, Holt, Rinehart & Winston, Nueva York, 1937.

Podrán tenerla parecida, pero no exactamente igual. La personalidad es, por tanto, un elemento claramente diferenciador del ser humano, que le caracteriza y distingue de los demás, otorgándole un sello de identidad estrictamente individual.

Las dos caras de la personalidad: temperamento y carácter

La personalidad se compone de dos elementos fundamentales: el temperamento y el carácter. Con el primero se nace, mientras que el segundo se va adquiriendo y modelando a lo largo de la vida.

En tanto el carácter comprende sobre todo los sentimientos psíquicos, las actitudes ante sí mismo y ante los demás, los valores y las voliciones, el temperamento está formado por las tendencias, los instintos y los sentimientos vitales[2].

El *temperamento* está constituido por elementos constitucionales, hereditarios, que se poseen desde el nacimiento. Está determinado por la herencia genética, jugando en él un papel fundamental los rasgos morfológicos y fisiológicos de cada persona. Por eso hay niños diferentes desde que nacen: unos son tranquilos, otros más inquietos; unos sociables, otros más hoscos, etc. El mapa genético individual imprime una serie de características «en bruto», a partir de las cuales va a ir configurándose la personalidad.

El *carácter*, sin embargo, es adquirido, siendo mucho más fácil de cambiar que el temperamento. Depende de las propias experiencias, del aprendizaje, de la educación recibida y del tipo de cultura en la que esa persona se ha desarrollado. Está sometido a continuas

---

[2] F. ALONSO FERNÁNDEZ, *Fundamentos de la psiquiatría actual*, Paz Moltalvo, Madrid, 1979.

influencias psíquicas y socioambientales. Es dinámico, se transforma, ya que cualquier vivencia puede provocar en él una pequeña o gran modificación. Estos cambios pueden resultar favorables para la personalidad, entonces ésta se desarrolla en un sentido expansivo, madurando progresivamente con el paso de la vida. Por el contrario, a veces son desfavorables, tal como suele suceder después de una experiencia traumática[3].

Tipos clásicos de personalidad

El intento de clasificar los distintos temperamentos del hombre es muy antiguo. La más antigua teoría de la que tenemos conocimiento es la formulada por Empédocles en el siglo V antes de Cristo. Según él, todos los elementos se dividían en aire, agua, fuego y tierra, que se corresponderían, según Hipócrates, con los cuatro humores corporales: la sangre, la flema o pituita, la bilis amarilla y la negra. Aristóteles atribuye estas características a la sangre, que divide en ligera, fría, caliente y pesada.

De estos conceptos surge la doctrina de los temperamentos, desarrollada después por Galeno y muchos otros, por la que éstos se dividirían en cuatro tipos básicos: sanguíneo, flemático, colérico y melancólico. Esta tipología todavía, a pesar de sus evidentes limitaciones, no ha perdido su vigencia, probablemente porque resulta muy difícil encontrar otras nuevas más amplias, reales y prácticas, aunque no por eso hay que pensar con el célebre Paulov que no puede ser mejorada[4].

El temperamento *sanguíneo* se caracteriza por un tono vital alegre, con una gran capacidad para superar las dificultades y ver el lado bueno de las cosas. Son per-

---

[3] Véase el capítulo «Vivencias y traumas».

[4] V. W. SARGANT, *Battle for the mind. Doubleday,* Nueva York, 1957.

sonas tolerantes y con facilidad de adaptación a situaciones nuevas e imprevistas. Suelen ser muy activos y se entusiasman con facilidad; pero son relativamente superficiales y poco tenaces, por lo que pasan pronto a interesarse por otra cuestión.

Muchas veces resultan frívolos, irreflexivos y volubles. Se sienten siempre seguros y llenos de optimismo, por lo que a veces se comportan de un modo impulsivo, poco prudente, arriesgado, incluso con temeridad. Tienen una gran facilidad para desenvolverse adecuadamente en sus relaciones sociales, resultando generalmente simpáticos y agradables, a veces un poco pesados, y están bien dotados para todo lo que sea comunicación.

Las personas con un temperamento *flemático* se caracterizan por su equilibrio y el autocontrol emocional, aunque a veces caen en la indiferencia o el escepticismo. Suelen ser comprensivos, pacientes, tolerantes, constantes y prudentes. No se precipitan a la hora de tomar una decisión, sino que reflexionan racionalmente la postura a tomar. En ocasiones resultan excesivamente lentos en sus reacciones y pueden tener dificultades para tomar una decisión por perderse en valoraciones y análisis demasiado minuciosos y exhaustivos.

Pueden dar la impresión de que no tienen interés por nada y a veces dependen demasiado de los demás. Son bastante pasivos y se adaptan con lentitud y dificultad a situaciones nuevas o imprevistas. Son personas «de sangre fría», tal como se dice coloquialmente, haciendo referencia precisamente al tipo de sangre que les corresponde según la tipología clásica.

Los *coléricos* son personas muy apasionadas, de «sangre caliente», que, al igual que los sanguíneos, se entusiasman con mucha facilidad. Viven sus experiencias con intensidad y profundidad, lo que puede llevarles a explosiones de cólera por motivos desproporcionados.

Son irritables y tienen un escaso control de sus emociones y reacciones. Son personas constantes, que destacan por su tenacidad y por la seguridad que tienen en ellos mismos y en sus criterios, lo que hace que con algunas personas puedan mostrarse excesivamente intolerantes, incluso despóticos.

Los *melancólicos* se caracterizan por ser personas serias y responsables, con un gran sentido de la responsabilidad y del deber. Viven sus experiencias con profundidad y tienen una vida interior intensa y rica. Generalmente son personas bastante sensibles y afectuosas, aunque a veces su trato no lo manifieste a primera impresión, dando una falsa sensación de severidad o distanciamiento.

Tienen un alto sentido de la lealtad, se preocupan demasiado por las cosas y tienden a ser perfeccionistas y escrupulosos. Suelen ser poco seguros, con frecuentes sentimientos de culpa y de inferioridad, y con tendencia al pesimismo, a la angustia y a la tristeza[5]. Se enfadan con facilidad, en parte porque son muy susceptibles y desconfiados. Se adaptan mal a los cambios y no se interesan demasiado por las relaciones sociales, prefiriendo muchas veces la soledad.

Existen muchas más clasificaciones posteriores para los diversos tipos de personalidad. Las dos más conocidas, además de esta clásica, tal vez sean las de Kretschmer[6] y Sheldon[7], que intentan buscar una rela-

---

[5] El término melancolía, que etimológicamente significa cólico de la bilis negra, se ha utilizado tradicionalmente por los médicos para nombrar el trastorno que hoy llamamos depresión. Este temperamento melancólico se corresponde en buena medida, aunque con unas manifestaciones más moderadas, con la personalidad obsesiva o compulsiva, considerada por muchos como la personalidad predepresiva (véase el capítulo correspondiente a la personalidad obsesiva).

[6] E. KRETSCHMER, *Constitución y carácter*, Labor, Barcelona, 1961.

[7] W. H. SHELDON y S. S. STEVENS, *Las variedades del temperamento*, Paidós, Buenos Aires, 1960.

ción entre el tipo de constitución física (biotipo) y el temperamento. El fundamento teórico se basa esencialmente en que las hormonas y otros determinantes genéticos que condicionan el crecimiento y la constitución física actúan a la vez sobre la configuración del temperamento.

El tipo *atlético* de Kretschmer se caracteriza físicamente por un gran desarrollo de huesos y músculos, por un tipo de atleta. Son personas fuertes, robustas, de hombros amplios, estatura media o alta, contorno de cara ovalado o triangular, y manos largas y anchas. Les corresponde el temperamento *enequético*, es decir, son personas «viscosas», con tendencia a repetir o perseverar en el mismo tema, tenaces, leales, constantes y con gran capacidad de esfuerzo y trabajo.

Los *pícnicos* se distinguen por sus formas redondeadas. Es el prototipo del Sancho Panza de Cervantes. Cabeza, tórax y abdomen grandes y redondos. Cuello corto y grueso. Talla media o baja. Cara ancha con frente amplia y tendencia a la calvicie. Su temperamento es el *ciclotímico*. Tienen facilidad para relacionarse, son extrovertidos, alegres, joviales y animados, aunque inestables, con cambios bruscos de humor.

Los *asténicos* son muy delgados, «alargados en forma de gusano» [8]. Su prototipo es Don Quijote. Tienen la cara estrecha; el cuello, manos, brazos y piernas huesudos y largos, sin apenas desarrollo muscular. Pelo fino y vello escaso. Les corresponde un temperamento *esquizotímico*, caracterizado por una gran sensibilidad, introversión, timidez y desinterés por las relaciones sociales. Suelen ser intelectuales, creativos, y, aunque lógicos, más teóricos que prácticos.

Kretschmer, por igual que Sheldon, añade un cuar-

---

[8] Por lo que también se les ha llamado «leptosómicos».

to tipo: el *displásico*, caracterizado por tener características mezcladas de los tipos anteriormente descritos o por anomalías morfológicas («dismorfias»), sin que le corresponda un temperamento bien definido. Los tipos descritos por Sheldon serían los siguientes:

El *mesomorfo*, denominado así por predominar en él el tejido embrionario mesodérmico, tendría una musculatura y una estructura ósea muy desarrolladas, con una figura corporal en forma de triángulo. Este tipo se corresponde con el atlético de Kretschmer y su temperamento se caracterizaría por su vitalidad, agresividad, competitividad, interés por el riesgo, decisión, tendencia a dominar.

En el *endomorfo* predominaría el tejido embrionario endodérmico. Su constitución física es redondeada, aunque débil, como el del pícnico. Le correspondería un temperamento *viscerotónico*, es decir, que aprecia la buena mesa, con tendencia a la comodidad, de reacciones lentas, afable y sociable.

El *ectomorfo* tendría un predominio de tejido ectodérmico embrionario, con una constitución alargada, lineal, de extremidades largas y flacas, con escaso desarrollo óseo y muscular. Su temperamento es *cerebrotónico*, fatigado, solitario, introvertido, inhibido, pensador, y con tendencia a la ansiedad.

EMPÉDOCLES	HIPÓCRATES	ARISTÓTELES	GALENO
Elementos de la naturaleza	Humores del cuerpo	Tipos de sangre	Tipos de temperamento
Aire	Sangre	Ligera	Sanguíneo
Agua	Flema	Fría	Melancólico
Fuego	Bilis amarilla	Caliente	Colérico
Tierra	Bilis negra	Pesada	Flemático

TIPOLOGÍA DE KRETSCHMER		TIPOLOGÍA DE SHELDON	
Biotipo	Temperamento	Biotipo	Temperamento
Atlético	Enequético	Mesomorfo	Somatotónico
Pícnico	Ciclotímico	Endomorfo	Viscerotónico
Asténico	Esquizotímico	Ectomorfo	Cerebrotónico

Formas de vida y personalidad

El comportamiento de una persona, su forma de reaccionar, sus hábitos, preferencias, intereses, su estilo de vivir en general, dice bastante de las características de su personalidad. Por esto Spranger [9] intentó realizar una clasificación de los diversos tipos de personalidad, fundamentándose en las distintas formas de vida.

No se trata de una clasificación de los diversos tipos de ocupación o profesión, sino de tipos de actitud espiritual básica, como él decía, que darían lugar a una serie de diferentes tipos de hombres que denomina teóricos, económicos, estéticos, religiosos, sociales, políticos, técnicos, jurídicos y educadores.

El *hombre teórico* se caracteriza porque la esfera de sus intereses está dirigida fundamentalmente hacia el conocimiento científico. Le interesa todo lo objetivo y elimina lo subjetivo. Son personas alejadas de otros ámbitos como el económico, por no interesarles lo útil, o el estético, ya que se interesan por lo abstracto, pero no por lo individual.

No suelen tener demasiada capacidad para la política, ya que son poco prácticos y carecen de suficientes dotes de organización de cuestiones concretas. En sus

[9] E. SPRANGER, *Lebensformen. Geisteswissenschaftliche psychologie und ethik der persönlichkeit,* Halle, 1930.

planteamientos y comportamientos suelen ser muy individualistas. Para el hombre teórico, la sabiduría, el conocimiento, es equivalente al mismo poder.

El *hombre económico* está orientado en su actitud hacia lo útil y práctico. Prefiere lo confortable a lo bello, con lo que suele estar alejado de la esfera de lo estético, excepto en lo que se refiere a la confluencia de ambas en el lujo, o bien cuando el arte se utiliza como demostración de nivel social o de riqueza. Para él la riqueza es sinónimo de poder.

No suelen ser personas idealistas, y en el campo religioso suele producirse un distanciamiento como consecuencia de considerar muy elevado al valor económico en su escala particular. Pueden ser codiciosos, ya que la obtención de la riqueza se convierte a veces en un fin en sí mismo, y no en un medio para conseguir otros logros. Son personas que se caracterizan normalmente por su sagacidad, espíritu práctico y capacidad de previsión.

El *hombre estético* busca primordialmente la belleza, la armonía y la estética en todas partes, para deleitarse contemplándola. Se centra en lo concreto. Es individualista, intuitivo y evita lo puramente práctico, desprecia lo grosero y lo vulgar, erotiza las relaciones sociales, y suele tener una exagerada necesidad de autoafirmación.

El *hombre religioso* se orienta fundamentalmente hacia la espiritualidad trascendente, esforzándose por ponerse a sí mismo en resonancia con su visión del mundo y de la vida. En su forma «mística» desdeña lo terrenal, orientándose hacia Dios, que descubre al negar al mundo. En su forma «dualista» sin embargo acepta algunas cosas del mundo, aunque rechaza otras, según tengan o no relación con lo divino.

El *hombre social* se orienta hacia el amor por los hombres, entregándose a los demás, aunque su objeto no tiene por qué ser la humanidad en su totalidad, sino solamente un grupo concreto de personas. Suele ser altruista y para él, el poder es el poder del amor, estando muy próximo al ámbito de lo religioso.

El *hombre político* busca el poder, no necesariamente el poder del Estado, sino el poder en todas sus vertientes. Son personas persuasivas, que tienden a dominar a los demás para imponerles sus propios criterios. Identifican la grandeza política con la grandeza moral. La riqueza es utilizada por ellos como herramienta para poder influir sobre los demás.

Si el hombre social encuentra su mayor satisfacción en darse a los demás, en el desprendimiento, el hombre político solamente utiliza las relaciones sociales como un medio de autoafirmación y autorrealización. En algunas ocasiones, esconde una actitud de profundo desprecio por los demás.

El *hombre técnico* constituye un tipo mixto entre el hombre teórico y el económico. Su principal actitud ante la vida está enfocada a lograr medios científicos y operativos con los que poder lograr el progreso económico, al margen de consideraciones de tipo estético. Son personas con un gran sentido práctico y bien dotadas para la organización.

El *hombre jurídico* también es un tipo mixto, encontrándose en un punto de confluencia entre el hombre social, el político y el teórico. El derecho está emparentado con una actitud del conocimiento, ya que pretende una regulación social que va más allá de lo puramente individual, que, por otra parte, depende de circunstancias de poder. El poder sirve de fundamento para el derecho. También guarda una estrecha relación con lo social, ya que, al fin y al cabo, el derecho debe recoger y encauzar las exigencias y necesidades de los demás, dándoles forma y aplicándolas a través del poder.

El *hombre educador* es un tipo mixto entre el hombre social y el religioso. La educación está íntimamente vinculada a lo social, ya que implica amor y dedicación a las personas a las que se está educando. La educación no es un medio de proporcionar simples conocimientos o una mera información, sino más bien un modo de ayudar a otros a encontrar una concepción válida del mundo y un sentido a la vida, lo cual está muy relacionado con lo religioso y lo moral. El hombre educador es aquel que se encuentra repleto de amor pedagógico, que se expresa a través de todas sus relaciones personales o sociales.

TIPOS DE PERSONALIDAD POR SU FORMA DE VIDA SEGÚN SPRANGER

ESFERAS DE LA CULTURA	ACTOS PSICOLÓGICOS	FINALIDAD	FORMAS DE VIDA
Ciencia	Actos de conocimiento	La general	Hombres teóricos
Economía	Actos económicos	Lo útil	Hombres económicos
Arte	Actos estéticos	Lo plástico	Hombres estéticos
Religión	Actos religiosos	El valor total	Hombres religiosos
Sociedad	Actos de simpatía	La comunidad	Hombres sociales
Estado	Actos de poder	El dominio	Hombres políticos
Técnica	Actos teóricos y económicos	Lo general y lo útil	Hombres técnicos
Derecho	Actos teóricos, sociales y de poder	Regulación, comunidad y dominio	Hombres jurídicos
Educación	Actos sociales y religiosos	Desarrollo de capacidades de otros y orientación hacia el valor total	Hombres educadores

Los instintos y tendencias

El concepto de instinto hace referencia a determinadas conductas evidentes en los animales, de carácter innato, aunque requieren cierto desarrollo y maduración, cuya finalidad está dirigida fundamentalmente a la perpetuación de la especie. Esencialmente, se trata del instinto de conservación y reproducción.

El instinto de conservación incluye el de nutrición, guiado por el hambre y la sed, y orientado por los sentidos, especialmente por la vista, gusto y olfato. Es curioso cómo a veces este instinto está tan perfilado, que se puede ser capaz de provocar rechazo hacia aquellos alimentos que están en malas condiciones o que no convienen a la dieta personal, y, por el contrario, generar circunstancialmente mayor apetencia por los que resultan más necesarios para el metabolismo en ese momento dado.

También incluye el instinto de protección respecto de uno mismo por autocuidados y evitando la autoagresión, junto con la tendencia al descanso, guiado por la aparición de fatiga o sueño. Respecto del medio ambiente, está promovido por la sensación de frío o calor, que induce a resguardarse de las inclemencias del tiempo, y por los mecanismos de huida o agresión para evitar o eliminar el peligro.

El instinto de reproducción de la especie está guiado principalmente por el instinto sexual, pero también puede intervenir la protección instintiva de los hijos recién nacidos. Las tendencias instintivas gregarias o sociales de muchos animales también hacen referencia a su conservación y reproducción.

En el hombre, la vida instintiva es bastante más compleja que en los animales. En él es difícil distinguir, en la práctica, entre instintos, tendencias, impulsos, deseos, satisfacciones, necesidades y motivaciones.

Los instintos están guiados por deseos, que a su vez

pueden responder a unas motivaciones o a unas necesidades. Su ejecución, en la que intervienen los impulsos, suele producir satisfacción. Las tendencias hacen referencia a orientaciones menos intensas y prefijadas.

Lersch[10] clasificó y denominó al conjunto de instintos y tendencias «vivencias pulsionales», que según él se caracterizarían desde el punto de vista fenomenológico por tres rasgos constitutivos esenciales: el estado fundamental de necesidad, luego la proyección sobre el futuro, la anticipación de un interrogar y un buscar y, finalmente, el ser impelido por aquello a lo que se tiende; es decir, la dirección temática hacia un fin que debe ser realizado.

El hombre puede ejercer un cierto control, mediante la voluntad, sobre sus instintos y tendencias, controlándolos, estimulándolos o dirigiéndolos, del tal modo que interfieran lo mínimo sobre sus auténticos deseos o aspiraciones a medio o largo plazo. Por otro lado, la vida instintiva es susceptible de alterarse, de modo que los instintos se anulan o desvían. Esto suele constituir un síntoma de muchos trastornos, tanto psíquicos como orgánicos.

La falta de apetito es frecuente en muchas enfermedades infecciosas, inflamatorias, metabólicas, etc., y en trastornos psicopatológicos como la depresión, ansiedad, alcoholismo, anorexia nerviosa, etc. La ausencia de fatiga es típica de las fases maníacas de las depresiones bipolares. La autoagresión, incluso el suicidio[11], es frecuente en las psicosis, en las depresiones profundas, en el alcoholismo y toxicomanías, etc.

Las alteraciones de la agresividad son frecuentes en las personalidades psicopáticas y otros trastornos de la

---

[10] PH. LERSCH, *La estructura de la personalidad,* Scientia, Barcelona, 1974.

[11] Véase J. DE LAS HERAS, *Prevención del suicidio,* Editorial de la Universidad Complutense, Madrid, 1988.

CLASIFICACIÓN DE LAS VIVENCIAS PULSIONALES DE LERSCH
A) VIVENCIAS PULSIONALES DE LA VITALIDAD:
a) El impulso a la actividad
b) La tendencia al goce
c) La libido
d) El impulso vivencial
B) VIVENCIAS PULSIONALES DEL YO INDIVIDUAL:
a) El instinto de conservación individual
b) El egoísmo
c) El deseo de poder
d) La necesidad de estimación
e) El afán vindicativo
f) El deseo de autoestimación
C) VIVENCIAS PULSIONALES TRANSITIVAS:
a) Las tendencias dirigidas hacia el prójimo
b) Las tendendias del ser-para-otro
c) Las tendencias creadoras
d) El deseo de saber (intereses)
e) La tendencia amatoria
f) Las tendencias normativas
g) Las tendencias trascendentes

personalidad, en la demencia y en muchas enfermedades neurológicas.

El instinto sexual también puede verse anulado por enfermedades orgánicas debilitantes, por intoxicaciones, por trastornos psíquicos como la depresión o la ansiedad, etc., o verse alterada, apareciendo las llamadas parafilias o desviaciones sexuales que pueden ser consecuencia de alteraciones de la psicosexualidad o bien de tumores cerebrales, demencias o de otras alteraciones orgánicas[12].

---

[12] Véase la *Enciclopedia de la sexualidad y de la pareja*, dirigida por E. Rojas, Espasa Calpe, Madrid, 1991.

Sentimientos, emociones y pasiones

Dentro del mundo afectivo, existen tres componentes esenciales y diferentes: los sentimientos, las emociones y las pasiones. Los *sentimientos* se pueden definir como estados del «yo», que nacen de un movimiento interior del que la persona que los siente se cree autora; no están vinculados necesariamente a estímulos externos, siendo autónomos, difusos y capaces de nutrirse a sí mismos.

Los sentimientos se experimentan durante períodos recortados de tiempo; sin embargo, suelen estar generados por unos fundamentos afectivos sólidos y bastante permanentes, con lo que se mantienen estables en profundidad, teniendo una proyección amplia en el tiempo. Un ejemplo de sentimiento sería el amor, ya esté orientado hacia los hijos, los padres, la pareja[13], etc.

Este amor se siente solamente de forma esporádica; sin embargo, se tiene conciencia de que se mantiene, permaneciendo de un modo bastante continuo y estable. Por eso se dice «yo quiero a...», dando a entender que ese sentimiento nace de quien lo experimenta (que es su autor), constituyendo un estado del «yo». Además, no depende directamente de los estímulos externos. Es cierto que un comportamiento de la persona amada —un hijo, por ejemplo— que se vive como inadecuado, puede dificultar transitoriamente que se experimente este sentimiento; pero este amor no desaparece en profundidad, sino que permanece. Los sentimientos son capaces de mantenerse por sí mismos, siendo sensibles, por el contrario que las pasiones, a la voluntad de quien los posee.

Las *emociones* son algo muy distinto de los sentimientos. Consisten en reacciones físico-psíquicas a determi-

---

[13] Véase el capítulo «La personalidad en el amor».

nados estímulos, que surgen como consecuencia de una excitación del sistema nervioso, apareciendo de un modo más brusco y fugaz que los sentimientos.

Las emociones dependen directamente de los estímulos que las provocan. Un ejemplo de emoción podría ser el miedo. Ante una situación de terror, se puede producir una reacción que incluye modificaciones psíquicas (inseguridad, bloqueo, sensación de amenaza, etc.), que se acompañan de sus correspondientes síntomas físicos (temblor, palidez, aumento de la sudoración, del ritmo del corazón, etc.)[14]. Estos cambios surgen de un modo repentino y automático tras la aparición de un estímulo concreto, pero desaparecen poco después de que éste cese o se logre la adaptación al mismo.

Las *pasiones* son intensas tendencias o inclinaciones, cuyo empuje no es voluntario ni activo, que siempre se dirigen a conseguir el objeto que las nutre, por el contrario de los sentimientos, que son capaces de nutrirse a sí mismos[15].

Su empuje no es voluntario, porque surgen independientemente de la voluntad de quien las experimenta, que no se siente autor de las mismas, por el contrario de lo que sucede en los sentimientos, dando la impresión de que proceden de fuera del «yo», de que gozan de autonomía propia (por eso se dice que alguien «se ha visto arrastrado» por una pasión), imponiéndose de un modo determinante, con lo que esa persona se ve «dominada» por su pasión.

Las pasiones siempre tienden a obtener el objeto que las nutre. Por ejemplo, en el enamoramiento[16] se busca la posesión de esa persona, o en el odio intenso

---

[14] Sobre la fisiología de las emociones, véase el capítulo correspondiente en E. ROJAS, *El laberinto de la afectividad,* Espasa Calpe, Madrid, 1987.

[15] Véase en este sentido los criterios de J. J. LÓPEZ-IBOR, *Lecciones de Psicología Médica,* Paz Montalvo, Madrid, 1973.

[16] Véase el capítulo «La personalidad en el amor».

y vengativo, su perjuicio y destrucción. Para justificar esta tendencia producen razonamientos nuevos e ideas sobrevaloradas de acuerdo con su objetivo, mientras que eliminan aquellas ideas que están en su contra, intentando así justificar racionalmente su finalidad. El deseo es tan intenso que perturba, por vía afectiva, el discurso lógico del pensamiento, forzándolo a plegarse en esa dirección.

También es muy frecuente que las pasiones se vean acompañadas de *proyecciones atributivas inconscientes,* en las que, sin darse cuenta, el apasionado otorga falsos sentimientos al objeto de la pasión, en relación con el contenido de la misma. La *catatimia* es otro mecanismo frecuente, por el cual se produce una modificación de las percepciones o juicios, en relación también con el contenido de la pasión (por ejemplo, ver excesivamente fea, antipática, desagradable, perversa, poco inteligente, etc., a la persona odiada).

Vivencias y traumas

Las *vivencias* son experiencias vividas intensamente, que ocasionan un impacto psicológico, una huella en la personalidad. Son sucesos que por su importancia «marcan» a quien los experimenta, ya que influyen decisivamente en la personalidad, modelándola o modificándola. Estos cambios se producen debido al aprendizaje que implica esa experiencia y a la incorporación o reforzamiento de algunos mecanismos psicológicos.

Las vivencias pueden tener un carácter favorable o desfavorable para la personalidad, según las consecuencias que ocasionen en ella. Se produce un *trauma* cuando alguna vivencia o conjunto de vivencias producen un gran impacto psicológico en una persona, debido a su intensidad o cualidad, dejando una parcela de la personalidad destruida o herida («trauma» significa precisamente «herida»). Una persona queda «traumatizada» cuando, como consecuencia de una vivencia, sufre una lesión o desgarro en su personalidad.

Las vivencias que causan los traumas pueden tener una importancia desproporcionada, desde el punto de vista objetivo. Un suceso poco relevante puede causar en una persona un gran impacto, o por el contrario, una experiencia que, en principio tiene características como para esperar que tenga una gran influencia psicológica, puede no traumatizar a una persona. De hecho, muchos traumas se producen, por ejemplo, por pequeños comentarios de otras personas, que en un momento dado tienen una gran significación psicológica, probablemente porque ocurren en un período de mayor sensibilidad o debilidad psicológica.

Sin embargo, no todas las situaciones dotadas, en principio, de un alto poder traumatizante, como las de pérdida, abandono, fracaso, frustración, humillación, agresión, indefensión, etc., causan necesariamente una herida en la personalidad. Si se elaboran adecuadamente, se superan e incluso, algunas veces, tienen un efecto beneficioso, ya que sirven de aprendizaje, tanto a nivel consciente como inconsciente, y facilitan el desarrollo, enriquecimiento y maduración de la personalidad.

Las vivencias pueden resultar traumáticas a cualquier edad, aunque suelen ser más importantes las que suceden durante la infancia y juventud. Durante estos períodos, la personalidad todavía no se ha configurado definitivamente, con lo que los traumas influyen de forma más decisiva en su estructura. Además, los jóvenes y adolescentes tienen más dificultad para asimilar, elaborar y adaptarse a ciertas situaciones conflictivas, con lo que éstas adquieren un mayor poder vulnerable.

Si el trauma tiene suficiente envergadura puede conducir a un desarrollo anómalo de la personalidad, ya que además de causar un cierto impacto por sí mismo, puede modificar la personalidad favoreciendo que vivencias posteriores adquieran un mayor poder traumatizante. De este modo, el establecimiento de un mecanismo psicológico inadecuado como consecuencia de un trauma, facilita la aparición sucesiva de otros nuevos mecanismos anómalos, construyéndose una personalidad que falla en su estructura, es decir, un trastorno de personalidad. Los traumas también pueden ocasionar complejos [17], fobias, neurosis y otros trastornos psicopatológicos.

Los complejos

Cuando una experiencia traumática o un conflicto psicológico son muy intensos, o su contenido resulta especialmente inquietante, la persona que los sufre, generalmente con un «yo» débil, opta por rechazarlos de la conciencia, enviándolos al inconsciente, en donde quedan alojados y encerrados, impidiéndose su salida, reprimiéndosele, mediante mecanismos de inhibición y bloqueo [18]. Esto se realiza generalmente de un modo involuntario y automático.

La estratagema no soluciona el problema, sino que, por el contrario, lo agrava, ya que el conflicto pugna periódicamente por salir al mundo consciente, promovido por vivencias de contenido similar o por otras circunstancias, condicionando fuertemente el comportamiento de esa persona y generando una angustiosa lucha interior que dificulta la estabilidad emocional.

---

[17] Véase el capítulo «Los complejos».

[18] Véase en este sentido la obra de S. FREUD a partir de *La sexualidad en la etiología de las neurosis* (*Obras Completas*, Ed. Biblioteca Nueva, t. I, Madrid, 1981). Esta teoría ha sido después ampliamente desarrollada por el psicoanálisis.

A la estructura que surge como consecuencia de la represión del conflicto se la denomina *complejo.*

El *complejo de inferioridad* es uno de los complejos más significativos e interesantes. Muchas personas se pueden sentir inferiores en un momento dado, pero eso no quiere decir, ni mucho menos, que tengan un complejo de inferioridad.

Decimos que alguien tiene *sentimientos de inferioridad* cuando se siente inferior a los demás de un modo más o menos permanente, no sólo en situaciones determinadas en las que la inferioridad puede deberse a alguna circunstancia concreta. Un complejo de inferioridad es algo más complicado, ya que, tal como se ha dicho, estas personas se sienten profundamente inferiores, pero no son capaces de admitirlo, rechazando la idea de su inferioridad hacia el inconsciente, en donde permanece la mayor parte del tiempo, intentando retornar de vez en cuando al mundo consciente.

Para que se establezca un sentimiento o un complejo de inferioridad, no es necesario tener un defecto real, sino tan sólo creer tenerlo. Casi siempre la causa está en alguna ocasión en la que esa persona se sintió humillada o rechazada por otras, resultando la experiencia intensamente traumática. Los presuntos defectos se suelen adscribir al terreno físico (fealdad, defecto corporal, obesidad, talla demasiado alta o baja, impotencia sexual, características propias del otro sexo, etc.); al intelectual (inteligencia mediocre, baja cultura, etc.) o al social (falta de simpatía, desconocimiento de normas de cortesía, procedencia de un nivel social diferente, escasa facilidad de palabra, etc.).

Los sentimientos de inferioridad pueden provocar inhibición y retraimiento, facilitando que se vaya construyendo una personalidad tímida e insegura dentro de un marco de escasa actividad social. Sin embargo, si el sentimiento de inferioridad no es demasiado intenso puede estimular el afán de superación desde la misma infancia. Adler[19] estudió a fondo este problema y las formas de compensación del sentimiento de inferioridad que se pueden llevar a cabo.

Cuando alguien se siente inferior, puede optar por la «resignación», es decir, asumir esa inferioridad de un modo desproporcionado. Esto da lugar a inseguridad, inhibición y a una actitud de modestia y timidez exageradas. Son los *tímidos por sentimiento de inferioridad*, que parecen actuar como si se disculpasen constantemente, incluso del mero hecho de su propia presencia. Pero puede ser que esta persona no se resigne. En ese caso, intenta contrarrestar su presunto defecto mediante tres mecanismos de compensación psicológica, que no se excluyen entre sí.

Las *compensaciones de primer grado* consisten en el afán por intentar disminuir o suprimir el defecto o sus consecuencias. Por ejemplo, una persona que se sienta inferior debido a su obesidad, intenta adelgazar y cuidar su aspecto externo para resultar más atractiva.

Las *compensaciones de segundo grado* consisten en intentar destacar en un plano distinto al que alberga la inferioridad, para compensar de este modo su valoración global. Sería el caso del niño que intenta compensar sus malas notas siendo un gran deportista.

Por último, estarían las *compensaciones de tercer grado*, con las que se intenta adoptar un falso sentimiento de superioridad, mediante una imagen idealizada, que sirva para ocultar la inferioridad de fondo ante uno mismo y ante los demás. Éste sería el *complejo de inferioridad* propiamente dicho.

Los que utilizan esta vía de compensación, se muestran altaneros, presuntuosos, arrogantes, inflexibles y vanidosos, dando a los demás la paradójica impresión

---

19 A. ADLER, *El carácter neurótico*, Paidós, Buenos Aires, 1952.

de tener un *complejo de superioridad.* Aparentan indiferencia hacia las actitudes y opiniones de los otros, pero, en realidad, son muy susceptibles ante sus críticas, ya que éstas hieren fácilmente su sensibilidad al poner en entredicho su autoestima. Por igual que sus fracasos, las opiniones desfavorables hacen tambalear la imagen idealizada que han forjado sobre sí mismos, poniendo al descubierto la inferioridad, lo cual constituye una intensa fuente de angustia y sufrimiento, que imposibilita el amor y establecimiento de lazos interpersonales sanos y sinceros.

MECANISMO DE REPRESIÓN IMPLICADO EN LOS COMPLEJOS

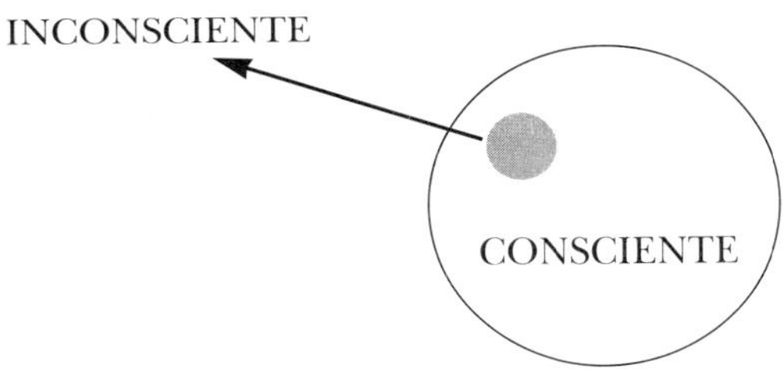

1. Expulsión de la conciencia del conflicto o trauma.

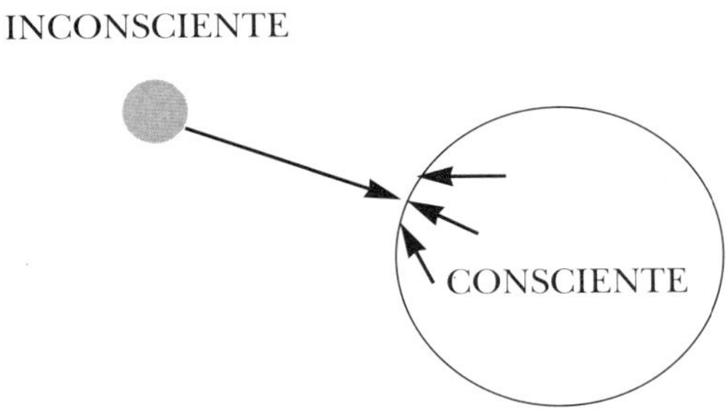

2. Elaboración de defensas que impiden el retorno al consciente.

La seguridad en uno mismo

Tener seguridad en uno mismo supone aceptarse y conocerse bien a uno mismo, en especial en lo que se refiere a los propios criterios, capacidades, aptitudes, pautas de reacción y comportamiento. También implica confiar en la aplicación suficientemente correcta de estas características propias en las diversas situaciones de la vida y, por tanto, en ser capaz de afrontar adecuadamente las dificultades que, en el futuro, puedan surgir. La seguridad en uno mismo no proviene de creerse capaz de muchas cosas, sino solamente de saber y asumir las propias capacidades y limitaciones, obrando en consecuencia.

Cuando hablamos de personas inseguras nos referimos a aquellas cuya inseguridad proviene de una falta de confianza en sí mismas que se manifiesta de un modo casi permanente, constituyendo un rasgo definitorio de su personalidad. Algo muy distinto es la sensación de inseguridad que puede surgir ante situaciones determinadas, especialmente ante circunstancias nuevas en las que no se sabe bien qué hacer. En estos casos, más que hablar de personas inseguras, hay que referirse a situaciones de inseguridad.

Tener una personalidad insegura puede ser el resultado de una o varias situaciones traumáticas, de fracasos importantes, de humillaciones, de carencias afectivas, etc., particularmente si se han sufrido durante la infancia. También es más frecuente entre las personas que durante su niñez han vivido en cierto aislamiento, o que han sido sobreprotegidos por sus padres. Estos últimos tardan más en aprender a tomar decisiones por sí mismos, ya que se acostumbraron a que sus padres lo hiciesen por ellos. Además, estos padres sobreprotectores tienden a ver peligros por todas partes, creando en el niño un clima de temor ante las expectativas de la vida y ante las consecuencias negativas que puede acarrear una mala decisión, por lo que antes de tomarla se sienten atemorizados y llenos de dudas. Esto es muy típico de muchos hijos únicos, en los que se suele añadir a una escasa relación con otros niños, una excesiva protección por parte de los padres.

Uno de los rasgos más evidentes de una personalidad insegura es su incapacidad para tomar decisiones, como consecuencia de las constantes dudas, temor exagerado a equivocarse y disminución del concepto de las propias capacidades. Son personas que vacilan constantemente antes de tomar una determinación, generándose en esos momentos una gran angustia que se intenta aliviar pidiendo opinión a los demás, aunque, a menudo, esto sólo sirve para complicar más la situación, ya que se reciben consejos contrapuestos, que aumentan aún más sus dudas y su incapacidad. Otras veces, esta situación puede llevar al establecimiento de una relación de exagerada dependencia de otras personas, o a evitar o delegar todo lo que implique una cierta dosis de responsabilidad.

La falta de seguridad en uno mismo también puede ser una manifestación de la existencia de sentimientos o complejos de inferioridad. Cuando se refiere al área de las relaciones sociales se habla de timidez [20]. La inseguridad constituye el trasfondo primordial de muchos trastornos de la personalidad [21], facilita el alcoholismo y las drogodependencias, pudiendo ser también un síntoma de la depresión, de trastornos por ansiedad y muchos otros trastornos psicopatólogicos.

---

[20] Véase el capítulo «La timidez».

[21] Véase toda la parte de esta obra dedicada a los trastornos de la personalidad, especialmente «la personalidad histérica», «la personalidad obsesiva», «la personalidad narcisista», «la personalidad dependiente», «la personalidad inmadura», «el trastorno de la personalidad por evitación» y «la personalidad hipocondríaca».

La timidez

La timidez se ha definido como la incapacidad autoafirmativa por temor a algún tipo de contrariedad, incluso cuando no hay pruebas objetivas de que esta posibilidad se produzca[22]. El tímido se caracteriza por su inhibición en su relación con los demás, sobre todo cuando se encuentra ante desconocidos o un grupo numeroso de personas.

Se siente «cortado», «bloqueado», incapaz de comportarse de un modo natural y espontáneo, de expresar abiertamente sus ideas, sentimientos y deseos. Es como si siempre intuyese que esto le llevaría a cometer un error, que provocaría necesariamente tensión en el ambiente o el rechazo de los demás. Esta sensación resulta muy desagradable. Para superarla o aliviarla, algunas personas recurren al consumo de alcohol o drogas con efectos desinhibidores, pudiendo ser esta la causa del inicio en una dependencia[23].

Pueden distinguirse tres tipos fundamentales de timidez[24]:

a) **La timidez de la tristeza**, consecuente a la inhibición y disminución de los deseos y capacidades relacionales. Muchas depresiones cursan con timidez, debido a la falta de confianza en uno mismo y la tendencia a la incomunicación que estos trastornos provocan.

b) **La timidez de la culpa**, debida al sentimiento de vergüenza que suele provocar, con el subsiguiente temor o inhibición, y deseo de ocultación. La culpa puede ser real o bien exagerada, incluso totalmente injus-

---

[22] A. M. FREEDMAN, H. I. KAPLAN y B. J. SADOCK, *Tratado de psiquiatría*, Salvat, Barcelona, 1982.

[23] Véase A. POLAINO-LORENTE y J. DE LAS HERAS, *Tus hijos y las drogas*, Palabra, Madrid, 1991.

[24] De acuerdo con F. ALONSO FERNÁNDEZ (*Compendio de Psiquiatría*, Oteo, Madrid, 1978).

tificada, como consecuencia de una depresión o de una personalidad obsesiva[25].

c) **La timidez del sentimiento de inferioridad**, en la que la inhibición procede de la inseguridad que produce el sentirse inferior globalmente o en una parcela determinada. Éste sería el auténtico tímido, en el que la timidez constituye una característica permanente de su personalidad.

Esta timidez facilita la aparición de muchos trastornos psicopatológicos como la depresión, trastornos por ansiedad, obsesivos, paranoides, las fobias, particularmente las sociales y de expectación. También puede causar trastornos psicosexuales. Marañón[26] definía la timidez sexual como un estado de inferioridad e inhibición, creado por la incapacidad física para el amor, distinguiendo entre **dos tipos de tímidos sexuales**:

a) **El tímido sexual verdadero,** por sentimientos de inferioridad causados por defectos físicos, responsabilidad moral o religiosa, miedo al contagio de enfermedades de transmisión sexual, o por fracasos sexuales anteriores.

b) **El tímido sexual por superdiferenciación del ideal erótico**, que no termina sus conquistas por temor a que, al verse defraudado, este ideal se desmorone.

La timidez no tiene por qué expresarse en todo tipo de relaciones humanas, sino que puede limitarse a ciertas situaciones concretas, frente a las cuales se desencadena toda una serie de síntomas emocionales como: rubor facial, aumento de la sudoración, temblores, rigidez, altibajos en el tono de la voz, tartamudez y otras alteraciones del lenguaje y del pensamiento.

Es característico que además se añada una sensación de vergüenza, cuando se cree percibir una disminución

---

[25] Véase el capítulo «La personalidad obsesiva».

[26] Véase G. MARAÑÓN, *Amiel*, Espasa Calpe, Madrid, 1963, y *Manual del diagnóstico etiológico*, Espasa Calpe, Madrid, 1961.

en el juicio de valor que están realizando los demás, con menoscabo de la autoestima. Es como si entonces ellos descubriesen la inferioridad, de ahí que el gesto de la vergüenza sea el de esconderse, ocultarse de los demás[27]. Incluso el rubor parece pretender, simbólicamente, la ocultación del rostro.

Todas estas manifestaciones emocionales suelen crear un problema adicional en el tímido, ya que añaden a la sensación de incomodidad y ansiedad que padecen durante estas situaciones, el temor a que los demás evidencien estos síntomas de timidez, lo cual incrementa la tensión psíquica y, por consiguiente, la frecuencia e intensidad de dicha sintomatología, cerrándose un círculo vicioso que sostiene y agrava progresivamente el problema.

Es frecuente que se desarrollen fobias en relación con determinadas situaciones en las que la timidez se manifiesta de un modo más ostensible, como las fobias a hablar en público, a las reuniones sociales con personas de poca confianza, etc. También pueden surgir otras fobias cuyo contenido hace referencia directa a alguna de estas respuestas emocionales, como, por ejemplo, el miedo al rubor o eritrofobia.

La madurez de personalidad

La expresión «madurez» o «maduración» se aplica a la personalidad por similitud con los frutos, que nacen y crecen progresivamente hasta que llega un momento en el que el proceso se detiene, se ultiman los cambios finales y se alcanza la madurez. Algo similar sucede con la personalidad, con la particularidad de que no

---

27 Véase PH. LERSCH, *La estructura de la personalidad*, Scientia, Barcelona, 1974.

todas las personas maduran del mismo modo, ni al mismo ritmo, ya que esto depende, en buena medida de factores de muy distinta índole[28].

Las distintas vivencias que se van experimentando a lo largo de la vida, y el modo de reaccionar ante las mismas, van a jugar un papel verdaderamente importante en el proceso de maduración de la personalidad, ya que contribuyen a poner a la persona en contacto con la realidad, a la vez que exigen que se decida por determinadas formas de comportamiento.

La experiencia es una fuente de aprendizaje psicológico que se guarda en la memoria, siendo de gran utilidad cuando se plantean nuevas dificultades. En este sentido, hay que destacar que **una sobreprotección de los padres hacia el niño puede dificultar y retrasar la maduración de su personalidad.** Los niños excesivamente protegidos carecen de criterios propios en relación a su edad, ya que utilizan directamente los de sus padres, que toman las decisiones por ellos en un afán desmedido por evitarles peligros, problemas, dificultades o fracasos.

Estas actitudes de sobreprotección dificultan la maduración de la personalidad y al llegar a la edad adulta, esos niños carecen de suficiente capacidad de decisión, ya que no se han ido acostumbrando, poco a poco, a tomar decisiones por sí mismos, con lo que se encuentran inseguros, sin saber qué hacer, frente a las situaciones que se les van planteando, reclamando continuamente el asesoramiento de los demás.

Por otra parte, el no haberse visto plenamente involucrados en situaciones anteriores difíciles, que han pasado generalmente con facilidad gracias a las advertencias y exageradas ayudas de los demás, hace que no

---

[28] Sobre las personalidades inmaduras, véase el capítulo correspondiente dentro de esta obra.

estén acostumbrados a soportar y sufrir ciertos fracasos y reveses, lo que les hace ser muy vulnerables ante las frustraciones. Carecen del aprendizaje previo que ahora les facilitaría la orientación necesaria para resolver el problema, de pautas de comportamiento con las que obtuvieron buenos resultados en situaciones anteriores y que ahora serían muy útiles.

Por tanto, **es necesaria para la adecuada maduración de la personalidad una dosis paulatinamente mayor de responsabilidad y de independencia,** administrada en función de la edad y de la capacidad para resolver problemas y tomar decisiones, demostrada en situaciones anteriores. De este modo se llega a una situación de auténtica independencia de los demás.

Las personas maduras se caracterizan también por haber logrado un suficiente conocimiento de sí mismos, aceptando sus limitaciones y deficiencias, por igual que las de la vida en general, lo cual no quita que intenten superarse apoyadas en criterios éticos y un cuadro de valores estable, que en todo momento les sirve de referencia. Son conscientes de sus responsabilidades y las asumen con naturalidad, sin que éstas supongan una sobrecarga. Actúan tras un período de reflexión, pero sin perderse en análisis minuciosos e interminables de la situación.

La personalidad madura sabe adaptase fácilmente a los cambios, los imprevistos, las dificultades, etc., sin hacer un drama de los mismos, incluso con sentido del humor. Saberse reír de uno mismo suele ser un buen síntoma de madurez, ya que implica reconocer las propias limitaciones.

Con la madurez se logra un equilibrio entre lo racional y lo afectivo, que se traduce en una alta estabilidad y autocontrol emocional. Las relaciones que se van estableciendo a lo largo de la vida son francas, estables, sinceras y profundas. No se ven alteradas por nimiedades y están presididas por la tolerancia y la comprensión, especialmente en todas aquellas cuestiones que no tienen el carácter de fundamentales.

La persona madura sabe bien quién es y lo que quiere, las dificultades que pueden surgir y las posibilidades que tiene de lograrlo. Tiene unos objetivos realistas y profundos, de los que valen la pena, y vive para intentar lograrlos, dando de este modo a su vida el sentido que desea y considera más oportuno.

PRINCIPALES CARACTERÍSTICAS DE LA PERSONALIDAD MADURA
— Suficiente conocimiento de uno mismo. — Aceptación de uno mismo y de la realidad. — Configuración completa y estable de la personalidad. — Criterios éticos y cuadro de valores estable. — Independencia. — Equilibrio y autocontrol emocional. — Sentido de la responsabilidad. — Sentido del humor. — Relaciones afectivas profundas y sinceras. — Capacidad de adaptación a cambios y dificultades. — Tolerancia y comprensión hacia los demás. — Constancia y paciencia. — Planteamientos y objetivos de vida suficientes y realistas.

La comunicación

El hombre vive en sociedad y necesita comunicarse con las demás personas para intercambiar con ellas todo tipo de información. Existen muchos medios para lograrlo. El principal es la comunicación verbal, mediante la palabra en su forma oral y escrita, pero también existen otros modos de comunicación a través de la expresión corporal mediante los gestos y muecas, o a través de lenguajes más privados, como el de las manos que emplean los sordomudos.

Las peculiaridades de cada cual a la hora de expresarse suelen reflejar algunas características de su personalidad, incluso pueden sugerir la presencia de algún trastorno psicopatológico[29]. No es sólo lo que se dice, sino que también es importante cómo se dice. Una contradicción entre el contenido de lo que se habla y los gestos faciales que se realizan (paramimia), puede deberse a situaciones de alta tensión emocional o a una personalidad insegura, siendo también bastante frecuente en los estados de perplejidad y en la esquizofrenia catatónica.

La escasez de gestos (hipomimia) es propia de las personas reservadas e introvertidas, aunque también es común cuando se padece angustia, una depresión inhibida, esquizofrenia o una demencia, particularmente si ésta está asociada a la enfermedad de Parkinson, ya que entonces la pobreza de gestos es absoluta (amimia). Por el contrario, una gran riqueza de expresividad gestual (hipermimia) es frecuente en las personas abiertas y extravertidas, aunque también puede ser un síntoma de una fase maníaca, o de cualquier trastorno que curse con ansiedad. Esta última se manifiesta casi siempre también, además de en la expresión de la cara, en movimientos típicos de las manos, que se frotan, juegan con objetos, etc.

El modo de hablar también revela muchas características de cada persona. El estilo puede ser afectado, pedante o amanerado, en concordancia con su forma de ser. Los ceceos y la tartamudez suelen aparecer o agravarse en situaciones de alta tensión emocional, siendo más frecuentes entre las personas inseguras o con

---

[29] Sobre estas alteraciones del lenguaje véase A. POLAINO-LORENTE, *Psicología patológica*, UNED, Madrid, 1984.

determinados trastornos de la personalidad. El vocabulario puede ser excesivamente restringido, utilizándose las mismas palabras para conceptos diferentes, o un número exagerado de «muletillas» (estereotipias verbales), a veces de carácter grosero (coprolalia), a lo largo de la conversación, que puede deberse a una escasa cultura o bien a retraso mental o a un empobrecimiento del pensamiento, como consecuencia de enfermedades orgánicas como la demencia. La repetición de las mismas palabras que acaba de expresar el interlocutor (ecolalia) es un trastorno frecuente entre las personas con retraso mental o escasa cultura, aunque también puede deberse a esquizofrenia, autismo infantil o a demencia u otras enfermedades orgánicas cerebrales.

Un lenguaje incoherente o disgregado, generalmente como consecuencia de graves alteraciones del pensamiento, sugiere la presencia de una grave psicosis, en donde resulta imposible la comunicación. Ésta puede verse también dificultada en las psicosis, especialmente en la esquizofrenia, por el uso exagerado de metáforas, por alteraciones en la estructuración de las frases (asintaxia), por la utilización de palabras en un sentido diferente al comúnmente admitido (paralogismos), o por la elaboración y uso de palabras nuevas (neologismos), cuyo significado permanece oculto para el resto de las personas.

Otro conjunto de características que se pueden observar en el lenguaje verbal, dependen de su ritmo de emisión. Hablar con rapidez (taquilalia) es típico de las personalidades inquietas, impacientes, de algunas situaciones de ansiedad, o bien de las fases maníacas, donde se suele añadir también el hablar sin cesar (verborrea). Otras personas hablan con excesiva lentitud (bradilalia), lo cual puede deberse a un temperamento apático o asténico, o bien a un pensamiento bloqueado o enlentecido (bradipsiquia) como consecuencia de un estado confusional, una depresión inhibida o por lesiones orgánicas cerebrales.

El lenguaje escrito también revela muchas características del nivel cultural e intelectual y de la personalidad, tal como estudia la grafología. Algunas dificultades para escribir correctamente o una calidad de escritura deficiente (disgrafias) pueden poner de manifiesto el temperamento, ya desde la misma infancia[30]. Además puede reflejar numerosos trastornos neurológicos y psiquiátricos, desde la imposibilidad de escribir (agrafia) por lesiones del sistema nervioso central, a la escritura progresivamente diminuta de los parkinsonianos, o la que hacen en clave totalmente privada (criptografía) algunos esquizofrénicos.

Imaginación y creatividad

La imaginación es la facultad para crear, combinar o reproducir mentalmente imágenes, representaciones de objetos, personas, situaciones, etc., reales o no. La representación de algo real que ocurrió en el pasado, es un recuerdo. La representación de algo que nunca ha existido, es la fantasía. La elaboración de algo nuevo es la creatividad. Fantasía, creatividad y memoria de evocación están íntimamente ligadas a la imaginación.

La imaginación puede utilizarse como un modo de evasión de la realidad. Ante una situación desagradable, poco interesante o aburrida, la imaginación puede servir para escapar hacia otros mundos más atractivos. En algunas personas este mecanismo se desarrolla excesivamente, convirtiéndose en un hábito, prácticamente

---

[30] Véase J. AJURIAGUERRA y D. MARCELLI, *Manual de psicopatología del niño*, Masson, Barcelona, 1987.

automático. Esto puede ser un grave inconveniente, ya que dificulta vivir la realidad de un modo óptimo.

Lo adecuado es procurar aprovechar lo que la realidad nos ofrece en cada uno de los momentos de la vida, metiéndose de lleno en ella. De este modo, se suele encontrar un interés que no se había descubierto en un principio. Si no es así, lo idóneo es intentar modificarla, dando un giro a esa situación, y si esto no es posible, cambiar de actividad.

Por ejemplo, cuando una persona está en una conversación aburrida, debería de interesarse más por ese tema, con lo que es probable que terminase encontrando algún aspecto interesante. Si comprueba que no es así, puede intentar cambiar la orientación de la conversación hacia otros puntos de mayor interés. Si esto no es posible, lo adecuado sería cambiar de actividad, salvo que, por diversos motivos, sea imposible. Evadirse de esa situación, mediante la imaginación, puede dar lugar a conflictos, pérdida del tiempo personal y continuar fomentando este hábito que, a la larga, hace que se viva lejos de la realidad, dificultando obtener plenamente lo que ésta ofrece, o lo que podría llegar a ofrecer.

Esta evasión se lleva a cabo, en muchas ocasiones, utilizando la llamada «fantasía de deseos». Ésta consiste en imaginar que se están viviendo situaciones deseadas, generalmente deseos insatisfechos en la vida real. «Soñar despierto» frecuentemente, puede resultar perjudicial para la personalidad. Estas personas se acostumbran a lograr cualquier cosa, mediante la imaginación, de un modo inmediato, perfecto y sin esfuerzo; mientras que en la vida real la obtención de algo más sencillo e imperfecto requiere paciencia y trabajo, a pesar de lo cual no siempre se consigue.

Esto puede hacer que, cuando se aborda un objetivo en la vida real, se termine pensando en que no merece la pena. Hay que hacer demasiado esfuerzo para conseguir algo que no merece la pena, mientras que mediante la fantasía se logra inmediatamente cualquier cosa. Se pierde energía frente a la realidad, mientras que se desarrollan cada vez más los mecanismos de evasión mediante la fantasía de deseos. Como resultado, la vida real aparece cada vez como algo más miserable, fomentándose más esta evasión, y se cierra un círculo vicioso.

Al final, se llega a un distanciamiento de la realidad, en que se renuncia a intentar obtener nada por los cauces habituales, con lo que se entra en una pasividad frustrante que favorece una profunda insatisfacción. Esta situación es frecuente en muchos trastornos de la personalidad [31]. En algunos casos graves, la fantasía cobra tal importancia que puede llegar a confundirse con la realidad, deformando o incluso anulando ésta [32].

La fantasía también puede estar en relación con ciertos temores. La imaginación lleva a estas personas a imaginar lo que sería de ellas si sucediesen ciertos acontecimientos, viviéndolos con la imaginación casi como si estuviesen sucediendo realmente. Se trata de un mecanismo pernicioso, muy frecuente entre las personas inseguras, que genera ansiedad y crea un círculo vicioso en el que esta inseguridad aumenta.

También se puede utilizar la imaginación de un modo adecuado, es decir, al servicio de la realidad. Es la imaginación aplicada con una finalidad concreta, que sirve para aprovechar las posibilidades y circunstancias personales

---

[31] Véanse los capítulos siguientes: «La personalidad histérica», «La personalidad narcisista», «La personalidad inmadura», «La personalidad esquizoide» y otros trastornos de la personalidad.

[32] Algunas personas cuentan sus fantasías como si perteneciesen a la realidad, pudiendo llegar a creerse que son ciertas. Esto es muy común en la llamada «pseudología fantástica», frecuente entre las personalidades histéricas (véase en J. DE LAS HERAS, «Las fantasías. Vivir fuera de la realidad», en *Guía práctica de psicología,* dirigida por J. A. VALLEJO-NÁGERA, Temas de Hoy, Madrid, 1988).

reales, sacándoles el máximo partido. Con imaginación, se puede romper la rutina, pensar un plan mejor para cada día, aprovechar mejor el tiempo o los recursos económicos, dar la vuelta a una situación difícil, encontrar una fórmula para mejorar una relación, para desarrollar mejor el trabajo, para ingeniar un negocio, para solucionar un problema concreto, etc. Además, está la imaginación puramente creativa, referida al terreno del arte, a la investigación científica y a otras formas de creación. En todos estos casos la imaginación es enormemente útil, y produce grandes satisfacciones, como consecuencia de las trasformaciones positivas que opera en la vida real y cotidiana, o bien de los logros obtenidos en el terreno creativo.

La creatividad es una función psíquica específica del ser humano. Crear significa elaborar algo nuevo, distinto y de cierto valor o interés; a veces, extraordinario o genial. Los procesos creativos tienen algo de misterioso, de mágico. En la antigua Grecia se atribuía la capacidad de crear grandes obras a la inspiración de las musas o de los mismos dioses.

Durante mucho tiempo se relacionó la creación con la inspiración divina o con un don de Dios. En el período romántico se desarrolló plenamente el concepto de «genio». Los grandes artistas eran seres superiores, «geniales», dotados de «un don especial». Más tarde, y a la luz de los conocimientos de la moderna psicología, se fueron desarrollando diversas teorías que intentaron explicar desde otros puntos de vista los fenómenos creativos.

Con la introducción del concepto de inconsciente, es decir, de la convivencia dentro de la vida psíquica individual de procesos que escapan a la conciencia de quien los posee, se desarrollaron teorías que entendían que en el proceso creativo intervenían mecanismos inconscientes mediante los cuales una persona acumulaba dentro de sí una serie de experiencias y conocimientos que, en un momento dado, se asociaban, produciendo lo creativo.

Es como si durante mucho tiempo se hubiesen ido incubando una serie de ideas que, de repente, se organizan en determinada dirección, para dar lugar a la creación. Tal sucede en los llamados «fenómenos eureka», en los que una súbita iluminación descubre la solución de problemas que, desde hace tiempo, se intentaban descifrar.

En muchos casos, este tipo de inspiraciones surgen tras un rato de descanso o cuando se ha dejado de pensar en el problema durante un cierto período de tiempo. En otras ocasiones, se tiene la impresión de que se ha resuelto tras el sueño, o incluso durante el mismo. Por ejemplo, F. A. von Kekulé dijo haber descubierto, mientras soñaba, la estructura anular del benzeno. En el terreno artístico, estas situaciones son bastante comunes.

La psicología conductista, desarrollada fundamentalmente a partir de J. Watson[33], se ha interesado poco por la creatividad. Desde su punto de vista, las respuestas presuntamente creativas que se ofrecen ante situaciones nuevas, vienen a ser una réplica de otras similares que se vivieron con anterioridad y, cuando son realmente nuevas en todo sus componentes, se solucionan por combinaciones aleatorias, combinando de diversas formas todas las posibles respuestas.

La psicología cognitiva intenta explicar los fenómenos creativos desde una nueva perspectiva. Weisberg[34] por ejemplo, defiende que la figura del «genio creativo» es un puro mito. La creatividad no pasaría de ser una actividad resultante de procesos de pensamiento ordinarios de personas absolutamente normales, que surgirían de forma progresiva («incremental»), a par-

---

33 J. B. WATSON, *Behaviorhism,* University of Chicago Press, 1958.

34 R. W. WEISBERG, *Creatividad. El genio y otros mitos,* Labor, Barcelona, 1987.

tir de los intentos iniciales de resolver el problema. Por tanto, la creatividad surgiría en relación con una serie de conocimientos que esa persona tiene de la cuestión que trata de resolver, de modo que, progresivamente, se iría aproximando a la solución.

Tal vez no existan «genios», en la acepción romántica del término, pero no cabe duda de que algunas personas están más dotadas que otras en este terreno. Con todo, la dedicación plena y constante a una tarea creativa y la canalización de la imaginación hacia finalidades creativas concretas, puede tener una influencia superior. También cuentan las experiencias anteriores, el entrenamiento y aprendizaje, los procesos inconscientes y el mismo azar. Es probable que influyan también otros factores mal conocidos, que hacen que la creatividad continúe teniendo un cierto carácter extraño o sobrenatural, y que muchos sigan creyendo en la fuerza de la inspiración.

La voluntad y la constancia

La fuerza de voluntad consiste en la capacidad para llevar a cabo acciones contrarias a nuestras tendencias inmediatas en un momento dado. No se trata de vencer unos deseos, sino más bien de lograrlos a costa de superar otros de menor valor o interés, a los que se tiende en un momento dado.

Por ejemplo, un estudiante puede desear vivamente aprobar el curso en el que está matriculado, pero encuentra siempre actividades que le resultan más atractivas que el estudio, por lo que necesita fuerza de voluntad para hacer algo que no le apetece, a la vez que renuncia a hacer otras cosas.

Lo que está haciendo es anteponer un deseo más importante a otros que lo son menos, aunque el primero suponga un esfuerzo y los otros no. Para conseguir muchos deseos es necesario hacer ese esfuerzo, por eso son más difíciles de lograr, jugando la voluntad un papel, muchas veces, decisivo.

La voluntad es una herramienta esencial del ser humano, incluso de su propia libertad. Sin voluntad, el hombre no es capaz de hacer lo que realmente desea, ni de intentar conseguir sus objetivos, particularmente si están proyectados en el medio y largo plazo. La falta de voluntad y constancia termina conduciendo a una serie sucesiva de frustraciones, como consecuencia del distanciamiento que se produce entre lo que se es y se logra y lo que se desearía ser y obtener.

Muchas personas se defienden psicológicamente de esta sensación de fracaso mediante justificaciones personales en las que sobrevaloran ciertas circunstancias personales o la falta de fortuna, lo cual dificulta que tomen las medidas adecuadas para resolver el fondo del problema.

Aunque pueda parecer absurdo, muchas personas pretenden alcanzar una serie de objetivos, a medio o largo plazo, olvidándose de lo que resulta imprescindible realizar para lograrlos. En estos planteamientos existe una absoluta falta de realismo, que favorece la ulterior frustración. Es como, siguiendo el ejemplo anterior, si un estudiante pretendiese aprobar sin haber estudiado prácticamente nada.

Es un fenómeno corriente en muchos trastornos de personalidad. Estas personas pretenden unos logros totalmente desproporcionados con la labor que hacen para conseguirlos. Cuando llega el momento de comprobar el fracaso, aparece un intenso sentimiento de frustración, por el cual suelen culpar a otras personas, a la sociedad en general, a cuestiones abstractas, como la mala suerte, etc., pero nunca a su falta de realismo.

Es más, estas personas suelen establecer comparaciones con los otros, que sí han logrado sus objetivos, viviendo como injusto este resultado, ya que se olvidan del esfuerzo o dedicación realizado por éstos, comparándose solamente en otras esferas como edad, capacidad, posición, etc. La frustración se acompaña entonces de envidia y agresividad hacia el medio externo, y lleva a conclusiones equivocadas, eludiendo la propia responsabilidad, más en relación con un planteamiento realista en el que la voluntad suele desempeñar un papel decisivo.

La intensidad y frecuencia con que se presenta el deseo son el motor de la voluntad y un planteamiento realista lo que puede llevar a una persona a conseguirlo; pero resulta imprescindible la aplicación de una herramienta clave: la fuerza de voluntad, y aplicarla de un modo adecuado: con suficiente constancia.

La fuerza de voluntad tiene dos vertientes fundamentales: una activa y otra pasiva. La activa consiste en hacer aquello que no nos apetece, pero que resulta necesario para lograr nuestro objetivo. La pasiva, en renunciar a una actividad inconveniente o inútil para esta finalidad. Muchas veces están ambas implicadas, es necesario renunciar a una actividad para desarrollar, en ese momento, otra no apetecida. Todo resulta, entonces, más difícil.

No existen fórmulas mágicas para lograr una mayor fuerza de voluntad, pero sí métodos para potenciarla. Éstos consisten esencialmente en sistemas estructurados para desarrollarla.

El planteamiento es muy similar al destinado a lograr estar físicamente en forma. Un ejercicio físico adecuado es lo que nos lleva a conseguir esta meta. La voluntad se adquiere con ejercicios de voluntad. Ejercicios que deben tener en cuenta estas dos facetas: la activa y la pasiva.

El diseño de un plan para fortalecer la voluntad debe realizarse teniendo en cuenta las características individuales de cada persona. En general, las personas más activas necesitarán ejercitarse preferentemente en ejercicios de voluntad en el sentido de renuncia, mientras que las más pasivas deberán dar mayor preferencia a aquellos que suponen un esfuerzo en el inicio de su desarrollo.

Es importante llevar a cabo una programación diaria y minuciosa de estos ejercicios. Por igual que sucede con el entrenamiento físico, lo más adecuado es comenzar con ejercicios suaves o moderados, pero diarios. Una persona que se proponga mejorar en fuerza de voluntad, puede elegir una serie de pequeños esfuerzos, por activa o pasiva, en una proporción adecuada a sus peculiaridades personales para realizarlos todos los días. Al menos, de entrada, no deben ser muchos (mejor menos de diez), ni demasiado dificultosos. Es preferible que sean muy sencillos y fáciles de lograr, ya que su eficacia dependerá más de la capacidad para cumplirlos diariamente que de la dificultad que en sí mismos entrañen.

Esto implica una cierta constancia, la cual guarda una estrecha relación con la voluntad. A su vez, estos ejercicios sirven para desarrollar la capacidad de perseverancia en cualquier propósito.

La intuición

La intuición es una facultad mediante la cual se puede llegar al conocimiento concreto, por fuera de los cauces lógicos y racionales habituales. La intuición tiene un cierto carácter mágico, no científico, más o menos inexplicable, pero es una realidad. La intuición existe.

Hay personas más intuitivas que otras. Tradicionalmente se ha dicho que las mujeres, las personas muy observadoras y las que son más afectivas que cerebrales, tienen más desarrollada la intuición.

El conocimiento científico nace como consecuencia del método hipotético-deductivo, por el cual las hipótesis están sujetas a su verificación experimental. Esta forma de conocimiento es bastante fiable e incluso, para algunos, es el único método válido. Sin embargo, hay ocasiones en que parecen saberse datos, al margen de una explicación racional, existiendo una cierta sensación inexplicable de certeza. Esto puede deberse a ciertos trastornos psicopatológicos, y es frecuente, por ejemplo, en el transcurso de los procesos delirantes, pero también puede ser fruto de la intuición.

Mediante ésta se pueden adivinar cualidades, encontrar nuevas vías en la solución de problemas o presentir el desarrollo de futuros acontecimientos. Algunas veces, la intuición puede ser tan valiosa o más que el conocimiento científico y racional, y servir de apoyo o de complemento a éste.

El proceso intuitivo está íntimamente relacionado con el inconsciente y con la memoria experiencial. No solamente se aprende conscientemente, sino que las diversas experiencias propias, y a veces también las ajenas, que se viven a lo largo de la existencia, aportan una serie de datos que se poseen sin saberlo. Ante un problema concreto, puede surgir una opinión, como consecuencia de una asociación de ideas en la que intervienen estos conocimientos inconscientes. Esta opinión puede ser acertada o no.

Cualquier niño sabe que si tira una piedra hacia lo alto, ésta caerá. Es una ley que ha aprendido, pero no sabe explicarla racionalmente. Cuando se modifica un detalle de una habitación, alguien que la conozca puede entrar y notarla distinta, aunque hasta después de un rato no observe el cambio concreto. La memoria experiencial posee los datos completos sobre la decoración anterior y le dice inmediatamente que algo ha cambiado, pero hasta el cabo de un tiempo no se descubre la modificación concreta. La explicación racional llega después, y a veces, ni tan siquiera se es capaz de advertir conscientemente a qué se ha debido esa transformación.

Cuando se conoce a una persona, puede ser que se sienta un rechazo inmediato, sin saber por qué. A veces, esta sensación se intenta explicar por gestos, actitudes, detalles, etc., que en ningún caso son concluyentes, ni soportan un análisis racional riguroso. Sin embargo, más tarde se comprueba que había motivos para sentir ese rechazo. Probablemente, esos detalles que escapan a la observación estrictamente racional, se hayan observado también en otras personas, estableciéndose una ley inconsciente de correlación entre los mismos y determinadas características caracteriales.

El presentimiento de una enfermedad en un ser próximo puede ser consecuencia de la percepción de mínimas modificaciones, exclusivamente a escala inconsciente. El presentimiento de un accidente de tráfico puede proceder de la observación inconsciente, en la que se constata nerviosismo u otras alteraciones en esa persona durante los últimos días, con lo que objetivamente se adivina que está más expuesta a conducir peor o a reaccionar mal en un momento difícil.

No obstante, muchas veces la intuición falla, y es temerario actuar de un modo exclusivamente intuitivo. Muchos de estos presentimientos no proceden realmente de la intuición, sino de temores concretos, de situaciones de ansiedad o de la inseguridad personal.

Pesimismo y optimismo

El pesimismo consiste en creer que el futuro traerá lo peor. La palabra latina *pessimum* significa lo pésimo, lo peor. Como, en líneas generales, el hombre no puede predecir su futuro y lo que ocurrirá en el porvenir, el pesimismo no es más que un juicio de presunción, cargado de desesperanza, que se vive con una cierta certeza.

Hay que distinguir entre «estar pesimista» y «ser pesimista». Cuando alguien «es pesimista», el pesimismo forma parte de su forma de ser, tiene una «personalidad pesimista»[35]. Su falta de esperanza en el futuro, las ideas negativas e injustificadamente amenazantes que a cada poco invaden su pensamiento, hacen que difícilmente pueda disfrutar de la vida, que su estado de ánimo esté siempre un poco bajo. Siempre existe algún riesgo, alguna amenaza, la posibilidad de dificultades inesperadas, todo puede salir mal. Esto fomenta su inseguridad personal y el deseo exagerado de tomar precauciones, de intentar prever todo.

El pesimista suele argumentar que las dificultades o peligros de los que habla son reales y que, por tanto, no es pesimista sino «realista». Esto es muchas veces cierto. El error no está en que se consideren posibilidades o realidades inexistentes, sino en que se olvidan las cosas positivas o favorables, dentro de una perspectiva sesgada en la que se tiene en cuenta casi exclusivamente lo negativo, agrandándose además, por lo general, la probabilidad de riesgo o fracaso.

Se posee una visión, cuando menos, escéptica de la vida. Existe una dificultad para alegrarse ingenuamente. En todo se ven las pegas, lo malo, lo difícil. Todo tiene desventajas o inconvenientes añadidos. Las pocas veces que viven experiencias placenteras o acontecimientos alegres, éstos son fugaces, se esfuman rápida-

---

[35] El pesimismo es un rasgo frecuente de algunos trastornos de la personalidad, especialmente de la personalidad obsesiva (véase, en este sentido, el capítulo correspondiente).

mente, disipados por esa pesadumbre que permanece en todo momento como un «telón de fondo» de su personalidad. Sin embargo, las experiencias penosas se viven con gran intensidad y persistencia, causando frecuentemente crisis psicológicas o reacciones depresivas, incluso auténticas depresiones.

Cuando no ocurre ningún contratiempo y todo parece ir bien, sienten como si en el ambiente pesase una carga grave que lo estropea todo, una amenaza inconcreta que les impide disfrutar de las cosas cotidianas agradables. Si bien, estos momentos son escasos. Casi siempre está en ellos presente algún pequeño problema o preocupación, que cuando se resuelve es sustituido rápidamente por otro nuevo.

Algo bien distinto es el «estar pesimista». Son momentos en que la visión del futuro se torna sombría durante unas horas o días, generalmente como consecuencia de un fracaso o de una mala noticia. Cuando algo sale inesperadamente mal, puede conducir a la reconsideración de que va a ocurrir lo mismo con otras cuestiones. El «estar pesimista» se debe generalmente a un descenso del humor básico, producido por cualquier motivo. La situación afectiva influye mucho en la opinión personal, siempre subjetiva, respecto del pasado, presente y futuro.

Los descensos del estado de ánimo suelen llevar a recordar los peores acontecimientos del pasado, dentro de una visión parcializada en la que lo bueno ya no cuenta, a la vez que se enjuicia el momento presente, y sobre todo el futuro, con desesperanza. La situación afectiva impregna de pesimismo los juicios de valor de ese momento concreto. Cuando el estado de ánimo mejora, las cosas se ven de otro modo, recuperándose la perspectiva habitual. Cuando el «estar pesimista» no remite, sino que se acentúa con el paso del tiempo, prolongándose durante muchos días o meses, hay que considerar la posibilidad de que se trate de un trastorno depresivo.

Algo similar, pero al contrario, puede decirse del optimismo. En este caso lo que se espera es lo «óptimo», es decir, lo mejor. También hay que diferenciar el «ser optimista» del «estar optimista». En el primer caso, se trata de una forma de ser en la que las cosas se ven demasiado fáciles y sencillas, esperándose injustificadamente golpes de fortuna, soluciones mágicas o ayudas imprevistas e improvisadas.

Los optimistas suelen ser partidarios de disfrutar de lo que ofrece el momento presente, sin hacer consideraciones de las consecuencias o repercusiones que pueden derivarse en el futuro. En ese sentido, suelen ser personas alegres, agradables y satisfechas; pero su falta de prevision, o su previsión poco realista, hacen que den la impresión de actuar a la ligera, de un modo poco responsable, que desespera muchas veces a las personas con las que conviven o que dependen de ellos.

Cuando las cosas no salen bien, el optimismo puede desaparecer durante unos días; sin embargo, pronto se olvida el fracaso y vuelve éste, fundamentado en los argumentos de siempre, en acontecimientos pasados en los que las cosas se resolvieron favorablemente, a pesar de que solamente ellos lo esperaban así.

Otra cuestion es el «estar optimista». Esto se suele deber a un aumento del estado de ánimo producido por cualquier motivo favorable, igual que sucede con el «estar pesimista», pero al contrario. Un estado de exagerado optimismo, mantenido durante muchos días o meses, puede deberse al padecimiento de una fase maníaca o hipertímica, dentro del trastorno conocido como psicosis maníaco-depresiva o depresión bipolar.

Algunas personas pasan rápidamente de estar optimistas a estar pesimistas y viceversa, experimentando estos cambios de un modo frecuente, casi permanente. Aunque se trata de un síntoma frecuente en varios trastornos psicopatológicos, cuando se trata del rasgo más llamativo y característico de la personalidad, hay que pensar que pueden tener un trastorno ciclotímico de la personalidad[36].

El sentido del ridículo

Algo es ridículo, por definición, «cuando por su rareza o extravagancia mueve a risa»[37]. Cuando una persona dice o hace algo claramente inconveniente, inadecuado, grotesco o fuera de contexto, los demás pueden burlarse. Está «haciendo el ridículo».

El sentido del ridículo consiste en la capacidad para discernir lo que puede resultar ridículo en una situación, y por tanto evitarlo. Hay personas con escaso sentido del ridículo y otras que, por el contrario, lo tienen excesivamente desarrollado (o mejor, desarrollado de un modo exagerado y equívoco).

Las personas *con poco sentido del ridículo* actúan según les parece, al margen de las costumbres y normas sociales, entendidas éstas en un sentido amplio, ya que se puede hacer el ridículo, no sólo si se falta a un convencionalismo, sino también con un mero comentario fuera de lugar. El resultado habitual es la burla y el rechazo social. Esto puede o no ser captado por estas personas. Cuando se dan cuenta, las reacciones pueden ser de vergüenza, de indiferencia (más o menos auténtica) o de agresividad. Si no son conscientes, se asombran del comportamiento de los demás, que no comprenden, aunque en muchos casos éste

---

[36] Véase el capítulo «La personalidad inestable o ciclotímica».

[37] J. CASARES, *Diccionario ideológico de la lengua española,* Gustavo Gili, Barcelona, 1959.

puede pasar inadvertido. Otras veces, son los amigos, familiares o personas de más confianza que en ese momento les acompañan, los que les advierten (con razón o no) que «han hecho el ridículo», algunas veces, haciéndoles pasar vergüenza a ellos («vergüenza ajena»).

Hay tres tipos fundamentales de personas con escaso sentido del ridículo:

1. Los que desconocen algunas normas sociales elementales y, como consecuencia, no las siguen.
2. Los que se muestran indiferentes hacia estas normas, generalmente porque les parecen poco importantes, con lo que actúan al margen de las mismas, importándoles poco las opiniones o burlas que puedan provocar en los demás[38].
3. Los que desafían intencionadamente las normas sociales. Estas personas conocen bien las normas sociales y realmente tienen sentido del ridículo, pero las incumplen deliberadamente por una rebeldía social que se corresponde con planteamientos ideológicos progresistas, por una mera actitud antisocial o por un afán de destacar y llamar la atención mediante comportamientos extravagantes. Esto último es muy frecuente entre los que tienen una personalidad histérica o narcisista[39].

Otros, por el contrario, tienen un sentido del ridículo excesivamente desarrollado. Todo les parece motivo de ridículo, particularmente lo que se refiere a ellos mismos, por lo que en sociedad se comportan de un modo temeroso, avergonzándose por cuestiones o detalles insignificantes.

---

[38] Sería el caso de la famosa letrilla de Luis de Góngora: «Ándeme yo caliente y ríase la gente...».

[39] Véanse a este respecto los capítulos sobre la personalidad narcisista y la personalidad histérica o histriónica.

Un exagerado sentido del ridículo suele asociarse con una personalidad insegura, con la timidez, con una sobrevaloración de los convencionalismos sociales y una gran sensibilidad frente a los juicios y opiniones de los demás. También es frecuente entre personas con pocas habilidades sociales, por haber tenido una escasa actividad social o por otros motivos.

El temor a hacer el ridículo suele estar siempre más o menos presente en ellos, aumentando antes de reuniones sociales o actos en los que pueden estar sometidas a la observación de los otros, que se experimenta casi como un juicio. Una fiesta, una boda, toda reunión social, un examen oral, cualquier situación en la que tienen que hablar en público, etc., son momentos en los que se teme hacer el ridículo, especialmente si tienen algo de novedad, ya que entonces se sienten incapaces de prever lo que puede suceder y no tienen el consuelo de saber que ya salieron airosos anteriormente de situaciones similares.

Una vez inmersos en una de estas situaciones, la sensación de ridículo puede aparecer por cualquier motivo insignificante, que generalmente pasaría desapercibido para los demás, y que si no es así, se debe precisamente a la importancia que ellos le están dando, lo cual les mueve a dar explicaciones innecesarias o a estar tan tensos que llaman la atención.

Esto les provoca un gran sufrimiento con aumento de la inseguridad, sentimientos de inferioridad y angustia. La reacción típica es de vergüenza, que se caracteriza, al fin y al cabo, por el intento de que los demás no descubran algo en nosotros, por lo que su manifestación más evidente es la intención de esconderse de las miradas de los otros.

La sensación de ridículo puede crear una tensión emocional tan intensa que resulte insoportable. El mecanismo psicológico de defensa que se suele movilizar entonces es el de huida, por lo que estas personas se sienten «capaces de todo», con tal de poder abandonar ese lugar. En esos momentos pierden todo valor los argumentos que se les den, nada importa, sólo poder escapar. Cuando ya ha pasado todo, reconocen la desproporción de su comportamiento, pero la experiencia ha dejado huella en su personalidad y puede condicionarles en el futuro.

Ante la obligación de tener que enfrentarse a una nueva situación en la que se vislumbra la posibilidad de volver a hacer el ridículo, aparece una ansiedad previa que puede conducir a intentar evitarla a toda costa. Se movilizan mecanismos psicológicos de defensa inadecuados, como el de evitación, por el que aparecen justificaciones y falsos razonamientos encaminados a eludir este tipo de circunstancias y librarse así de la posibilidad de tener que enfrentarse con una situación angustiosa. De este modo se puede llegar a establecer una auténtica fobia social, que conduce a la larga a una progresiva inhibición, pasividad e incapacitación social[40].

La envidia

La envidia es un sentimiento, o pasión si su intensidad es muy acentuada, de carácter displacentero, que surge al considerar lo que ha conseguido obtener alguien en cualquier orden, generalmente en relación con la persona que la experimenta.

Etimológicamente, envidia procede de *invidere,* que significa «ver con malos ojos». El envidioso se caracteriza por mirar mal las cualidades, éxitos o posesiones de los demás, ya que ponen de manifiesto sus incapa-

---

[40] Algunas personas se niegan a acudir a una reunión social si no tienen suficientes garantías de que van a ser bien aceptados. Véase en este sentido el capítulo correspondiente al trastorno de personalidad por evitación.

cidades para lograr lo mismo, o la injusticia de que han sido objeto al no haberlo conseguido, constituyendo para él una fuente de frustración e insatisfación.

La envidia es algo íntimo que no se suele confesar. Resulta vergonzoso admitir que el bien ajeno pueda inspirar un profundo malestar interior, cargado, a veces, de hostilidad hacia esa persona. Esta hostilidad procede de los sentimientos de rebeldía y rencor que inspiran sus logros. En ocasiones, se intentan justificar estos sentimientos mediante juicios y argumentos que, aunque pueden tener cierto fundamento, siempre son subjetivos, ya que se ven matizados por el estado afectivo del envidioso. A veces, la envidia da lugar, por este mecanismo, a la calumnia o a la difamación.

La envidia se puede observar ya a las edades más precoces. Es difícil encontrar una persona que nunca haya sentido envidia, a pesar de que muchas lo creen así. Ésta se encubre en forma de descalificaciones racionalizadas, de defensa de lo equitativo, etc. No hay más que observar que cuando alguien recoge muchos éxitos en poco tiempo, es objeto de las críticas más duras y abundantes.

La soberbia y el egoísmo son dos rasgos de personalidad vinculados íntimamente a la envidia. Por la soberbia, una persona no está dispuesta a aceptar que otros, a los que considera iguales o inferiores, sean más valorados por los demás, posean más cosas, o tengan más éxito en el campo profesional o social. Tanto más cuanto que la envidia se acompaña generalmente de comparaciones con otras personas, como fuente de autovaloración y autoafirmación del yo.

El egoísmo supone un exagerado afán de poseer todo para sí, dentro de una actitud en la que predomina el estar volcado sobre uno mismo, donde los sentimientos y las preocupaciones de los demás permanecen un tanto al margen, como si no existiesen o no tuviesen importancia. Se vive, entonces, lo conseguido por los otros, como si se tratase de algo propio hurtado por ellos.

Soberbia y egoísmo, movilizados por deseos de autoafirmación y mecanismos de defensa de la propia autovaloración por comparación con los demás, se impregnan de juicios de valor sobre los otros, que carecen de objetividad, ya que están deformados por cualidades afectivas. Éste es el marco en el que la envidia suele hacer acto de presencia.

Existen otro tipo de situaciones que, guardando algunos puntos de conexión con la envidia, pertenecen a órdenes distintos. Hay veces en que se dice sentir envidia de alguien, porque se admiran sus cualidades o lo bien que sabe llevar a cabo algunas cosas. No se trata de envidia, sino de un deseo de superación que se concreta en una persona.

Otras veces, pueden surgir sentimientos de indignación por el triunfo de alguien, que se considera inmerecido, o poco dotado para la función encomendada. No siempre es la envidia, más o menos encubierta, la que genera estos sentimientos. Puede haber razones objetivas que avalen esta apreciación, sobre todo cuando no se trata de personas próximas en el terreno personal ni profesional.

En otras ocasiones, más que de envidia en sí, se trata del temor a la prosperidad de alguien del que se teme que, una vez situado en una posición superior, pueda ocasionar algún perjuicio. Otras, son celos, y no envidia, los que producen este tipo de sentimientos. Se sufre cuando otros consiguen el afecto o admiración que se desea obtener de ciertas personas, preferiblemente de un modo exclusivo[41].

Por último, no se debe confundir la envidia con el disgusto que puede surgir tras conocer el éxito o el gol-

---

[41] Véase el capítulo «La confianza y los celos».

pe de suerte de una persona hacia la que se siente rencor, odio o deseos de venganza. Si se desea para ella el mal, su fortuna no produce envidia, sino una frustración de esos deseos hostiles.

Afectividad y racionalidad

El hombre actúa por motivos racionales y afectivos. Algunas personas se mueven principalmente por lo que les dice su corazón, por sus sentimientos, incluso en ocasiones en que comprenden que lo que hacen es poco razonable, que no existen argumentos lógicos para comportarse de ese modo. Son personas en las que existe un claro predominio de lo afectivo y que se suelen ver sometidas a frecuentes vaivenes emocionales como consecuencia de una cierta hipersensibilidad psicológica, que les lleva a reaccionar con apasionamiento, desproporcionadamente, ante estímulos psicológicos con alta carga afectiva.

Ante un estímulo psicológico determinado (un comentario de otra persona, algo que sale mal, etc.), se reacciona de forma inmediata y exagerada, debido a esa hipersensibilidad, apareciendo espontáneamente emociones y sentimientos que les desbordan, escapando a su propio control.

Solamente tiempo después, cuando la intensidad emocional ha descendido notablemente, se comienza a analizar lo sucedido desde una perspectiva más objetiva y racional. Entonces es cuando se toma conciencia del verdadero valor e importancia de lo que ha pasado, de lo desproporcionado de esa reacción psicológica o de lo exagerado e inútil del sufrimiento que algo ha ocasionado. Su forma habitual de comportamiento se puede esquematizar del siguiente modo:

Otros, por el contrario, se caracterizan por un predominio exagerado de la razón, se conducen casi exclusivamente por argumentos racionales, fríos y objetivos, al margen incluso de sus propios sentimientos. Estas personas, exageradamente racionales, se suelen comportar de un modo excesivamente frío y calculador, incapaces de tener una participación afectiva en muchos sucesos que así lo exigen, por sus características particulares y por la conveniencia de poder compartirlos con otras personas.

Además, al no hacer casi ningún caso de sus sentimientos, actúan frecuentemente contra ellos, por unos motivos tan exclusivamente racionales, que quedan al margen connotaciones afectivas que también son relevantes y dignas de consideración, con lo cual muchas veces se equivocan o padecen una respuesta afectiva negativa y diferida, como consecuencia de esos comportamientos. Su forma habitual se puede representar mediante el mismo esquema anterior, pero tomando un sentido inverso:

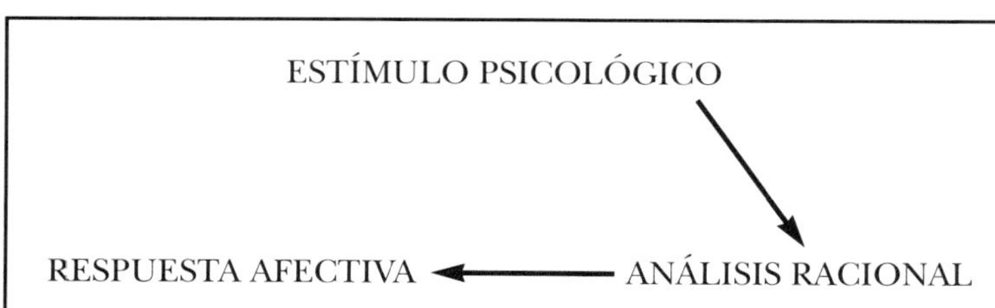

La estabilidad emocional viene dada por un equilibrio entre lo racional y lo afectivo, entre el cerebro y la razón. Este equilibrio se puede lograr si, ante la presencia de un estímulo psicológico determinado, se lleva inicialmente a cabo un análisis objetivo racional de la situación, pero en el que no queden completamente descartadas las implicaciones o repercusiones afectivas que pueda implicar, no solamente las de índole más concreta, práctica o útil. Posteriormente, puede llegar la respuesta afectiva, pero ésta debe de haber sido modelada con anterioridad por un filtro racional que impida que sea injustificada, exagerada o que conduzca a comportamientos impulsivos y equivocados que traigan consecuencias negativas para el futuro. Esta forma de comportamiento se correspondería con el siguiente esquema:

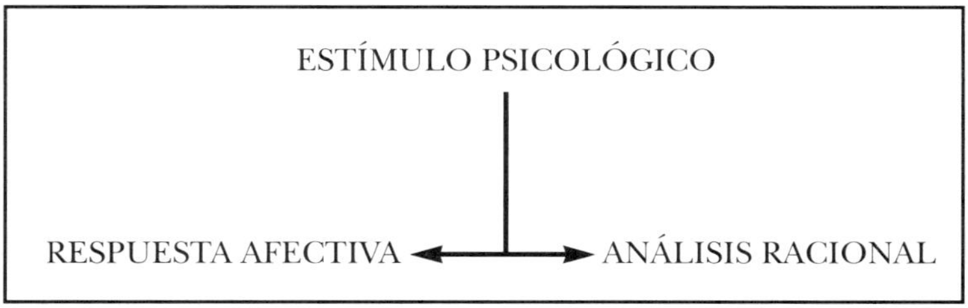

Las personas de predominio fundamentalmente afectivo pueden corregir esta tendencia intentando invertir el orden de este proceso, es decir, procurando que al estímulo psicológico le suceda un análisis objetivo y cerebral, tras el cual puede llegar la reacción afectiva. Para invertir este orden, es necesario ir tomando poco a poco el hábito de interponer un filtro de racionalismo y objetividad, antes de reaccionar ante dichos estímulos. Este hábito puede lograrse con el tiempo si se es constante en su intento de interposición, controlando la respuesta emocional para que no surja de un modo inmediato, automáticamente. Así, pueden conseguir moderar su respuesta emocional, que se hará más proporcionada y equilibrada, evitándoles, además, muchos sufrimientos innecesarios.

Aquellos con un predominio racional exagerado, no deben olvidar en sus consideraciones puramente cerebrales las repercusiones o implicaciones que un estímulo psicológico puede tener en el terreno afectivo, tanto referido a ellos como a los demás. De este modo evitarán caer en conductas aparentemente prácticas, que no son tales, ya que al desconsiderar los aspectos sentimentales pueden terminar resultando crueles y equívocas. Además, el incrementar el componente afectivo les permitirá participar de un modo más pleno, más integral en todos los sucesos de la vida.

Reflexión y análisis racional

Reflexionar es detenerse a pensar, a estudiar y analizar las características de determinadas situaciones, con el fin de llegar a una conclusión que permita comprenderlas mejor y, si es oportuno, tomar la decisión más adecuada. Hay personas demasiado impulsivas y otras excesivamente reflexivas.

Una cierta reflexión es necesaria para no juzgar u obrar con precipitación. De quienes no reflexionan suficientemente, se dice que son irreflexivos o impulsivos. Las personas que actúan de este modo, al no profundizar en los problemas, obran a la ligera, lo que les lleva a tomar decisiones o a realizar juicios poco fundamentados de los que después se arrepienten, viéndose inmersos con frecuencia en situaciones conflictivas, que no se hubiesen producido de haber pensado un poco más las cosas.

Este problema se puede corregir procurando demorar las decisiones, especialmente las que puedan tener consecuencias de cierta importancia, obligándose a juzgar todo de un modo más detenido, a enfocar los problemas desde más puntos de vista, pidiendo opinión a personas cualificadas, obrando sin impaciencia y en función de conclusiones racionales que se han madurado suficientemente.

Otras personas, por el contrario, son demasiado reflexivas. Tienden a dar infinidad de vueltas a todas las cosas, incluso a las más banales, perdiéndose en incesantes análisis exhaustivos, minuciosos e interminables, mediante los que estudian cualquier cuestión, de tal modo que al final todo se complica extraordinariamente, sintiéndose aún más confundidos que al principio, lo cual aumenta sus dudas y su inseguridad, resultándoles muy difícil tomar una determinación.

Esta última situación puede deberse a que, a pesar de la reflexión, no se alcanza lo que se considera un suficiente nivel de certeza. Según se profundiza en este tipo de análisis, surgen infinitas posibilidades, algunas muy remotas, pero al fin y al cabo posibles, que también se tienen en cuenta, con lo que al ser tan amplio el espectro de factores, éstos, en vez de aclarar la situación, terminan ocasionando confusión y desorientación. Esto es muy típico de las personas inseguras, con la particularidad de que este mecanismo termina fomentando a su vez su inseguridad.

Tal como se puede observar en la gráfica A (más abajo), en muchos casos, el nivel de certeza va aumentando en función del tiempo que se dedique a analizar ese problema; sin embargo, lo que les ocurre muchas veces a las personas excesivamente reflexivas es que llega un momento en que el avance se detiene, pasando a un estado prolongado en el que este nivel de certeza oscila, aumentando y disminuyendo, para ir bajando después progresivamente, hasta volver a la situación de confusión inicial (gráfica B).

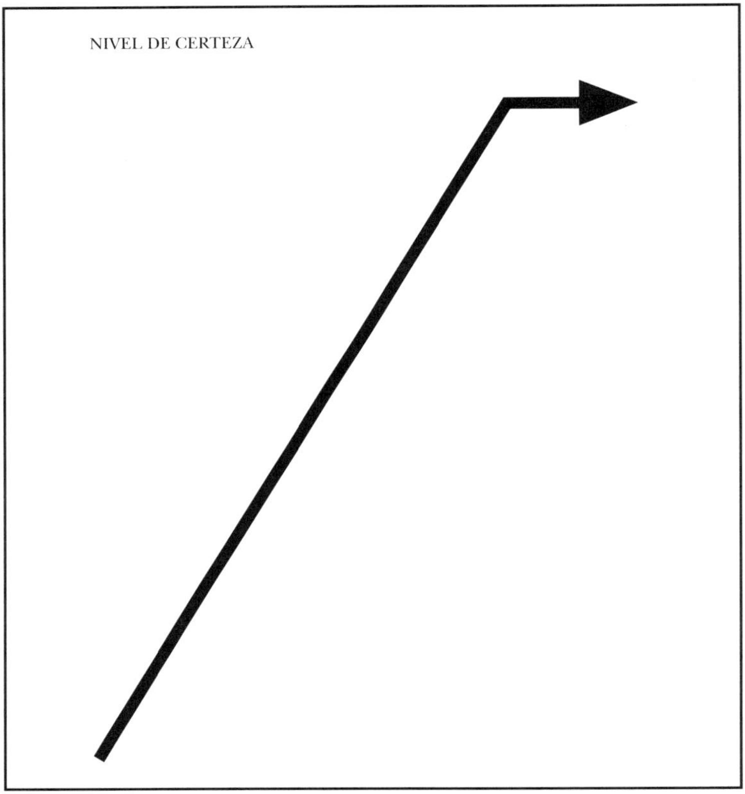

(Gráfica A) TIEMPO DE REFLEXIÓN

En estos casos, es necesario detener el análisis durante el período de altibajos en el nivel de certeza, a pesar de que éste no haya alcanzado el nivel óptimo, ya que continuar estudiando el problema sólo conducirá a ver todo de nuevo más confuso. No hay que olvidar que al estudiar la mayoría de las situaciones de la vida, se consigue un mayor nivel de certeza, pero no el absoluto.

A veces, se puede retomar el análisis del problema tiempo después, de modo que la intervención de menos ingredientes puede facilitar un mayor nivel de certeza.

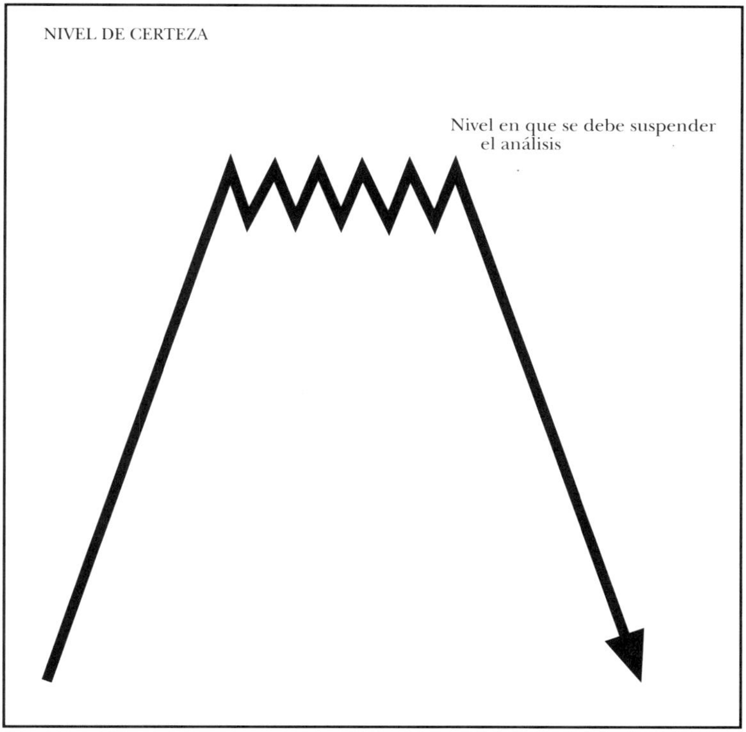

(Gráfica B) TIEMPO DE REFLEXIÓN

Algo similar sucede a la hora de tomar decisiones. Es necesario valorar los pros y los contras, para ver qué determinación puede ser la más conveniente. Sin embargo, algunas personas pueden desglosar el problema en tal infinidad de minuciosos pros y contras, unos importantes, muchos accesorios, que al final están más confusas que al principio, no sabiendo realmente qué hacer. En estos casos, también hay que detener el proceso cuando se observa que su estudio no está resultando de utilidad, sino que comienza a crear más dudas, más dificultades para lograr tomar la decisión acertada (gráfica C).

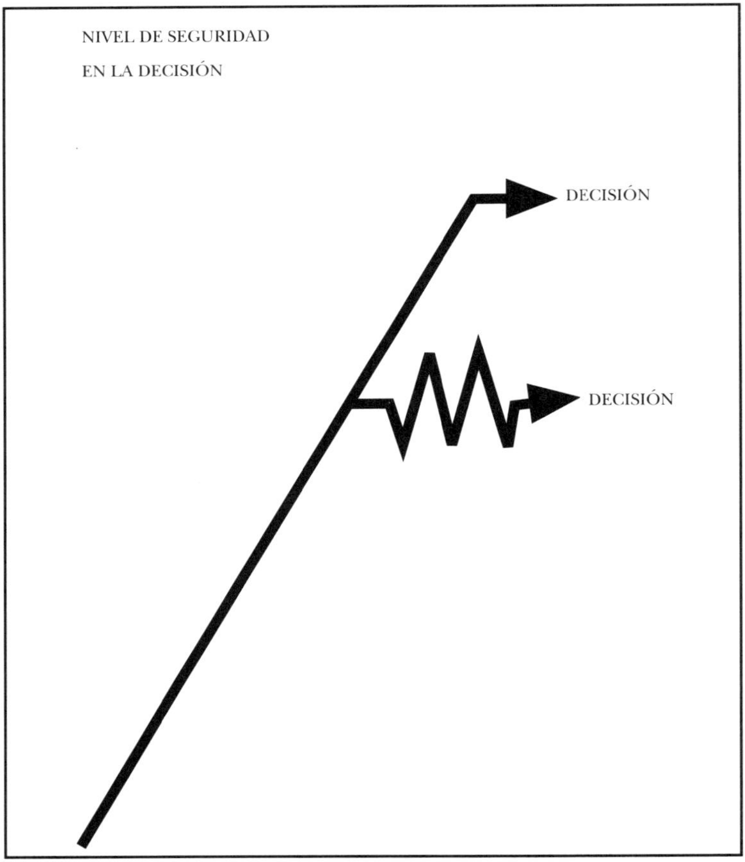

(Gráfica C) TIEMPO DE REFLEXIÓN

Entonces se debe tomar la decisión, a pesar de que exista, como es natural, el riesgo de que ésta pueda no resultar acertada. Una vez decidido, conviene olvidar las otras posibilidades que se han dejado atrás, poniendo todo el énfasis y esfuerzo en procurar desarrollar ésta con éxito. Una decisión resulta afortunada, no solamente por el camino que se elige, sino también por la determinación con que se intenta llevar a cabo.

La sugestionabilidad

La sugestionabilidad es una característica de la personalidad, que consiste esencialmente en la mayor o menor facilidad que alguien tiene para ser influido o persuadido por otro, incluso por sí mismo. Se trata de una predisposición para responder a ciertas ideas o influjos, de un modo determinado y relacionado con las mismas.

Por sugestión, se pueden inducir numerosas modificaciones, tanto en el terreno físico como en el psíquico. Una persona que después de comer algo, cree que estaba en mal estado, puede llegar a vomitar, a pesar de que ese alimento estuviese en buenas condiciones. Si a alguien se le notifica insistentemente que en una habitación hay pulgas, es fácil que pronto comience a notar picores por todo el cuerpo, a pesar de que éstas no existan. En el terreno psíquico, el contagio del miedo, del pánico de unas personas a otras, incluso sin que exista ningún motivo real que lo justifique, es un fenómeno bastante corriente.

Existen numerosos estudios sobre la sugestionabilidad individual. Hovland y Janis [42], que la definieron como un factor predisposicional que refleja la susceptibilidad individual a diversas influencias, comenzaron a cuantificarla mediante una escala psicométrica, descubriendo que los niños más sugestionables eran aquellos que se caracterizaban también por su inseguridad, escasa autoestima, sentimientos de inferioridad, actitudes dóciles respecto de sus padres y tendencia al aislamiento. Las niñas eran, en general, más sugestionables que los chicos.

También se ha verificado cómo la sugestionabilidad puede aumentar en personas agobiadas por senti-

---

[42] C. I. HOVLAND y L. L. JANIS, «Personality and persuasibility», en *Yale studies in attitude and communication* (vol. II), Yale University Press, New Haven, 1959.

mientos de desamparo y pasividad, como en la relación que se puede establecer entre un niño asustado y su padre, o en cualquier adulto que se encuentre en una situación psicológicamente traumática [43]. Eysenck [44] comprobó también cómo eran más sugestionables aquellas personas que en su cuestionario de personalidad daban puntuaciones altas de neuroticismo. Verdaderamente, es frecuente que en algunos trastornos de la personalidad exista una alta sugestionabilidad.

Cuando las personas aprensivas o hipocondríacas [45] escuchan los síntomas de algunas enfermedades, por lo que le ocurre a alguien próximo o a través de los medios de comunicación, es frecuente que se sugestionen. Entonces, empiezan a notar también ellos los síntomas de esa enfermedad, sin que exista causa orgánica que lo justifique, o bien interpretan que pequeñas molestias de otra naturaleza son signos claros de padecer ese trastorno, con lo que pueden terminar convencidos de que también ellos padecen esa enfermedad, o al menos, con las dudas suficientes como para angustiarse y consultar rápidamente a algún médico.

En muchos de estos casos se produce un curioso círculo vicioso. Al oír hablar o pensar en alguna enfermedad, se produce una cierta angustia debido al temor que ésta inspira, lo cual cursa con molestias físicas que son rápidamente interpretadas como síntomas de esa enfermedad, lo cual provoca una angustia mayor y, por tanto, mayor intensidad sintomatológica ansiosa, cerrándose el círculo.

---

43 L. LINN, «Diagnóstico y psquiatría: Síntomas de los trastornos psiquiátricos», en A. M. FREEDMAN, H. K. KAPLAN y B. J. SADOCK, *Tratado de psiquiatría,* Salvat, Barcelona, 1982.

44 H. J. EYSENCK, *Dimensions of personality.* Routledge & Kegan Paul, Londres, 1947.

45 Véase el capítulo «La personalidad hipocondríaca o aprensiva».

Las personas histéricas o histriónicas[46] también son muy sugestionables. Esto explica que generalmente sean personas fáciles de hipnotizar. Los fenómenos disociativos y la neurosis de conversión, que también son frecuentes entre las personalidades histéricas, suelen aparecer en personas muy sugestionables, así como la tradicionalmente denominada *folie à deux* (o locura compartida), en la cual la experiencia alucinatorio-delirante puede ser transmitida a una persona próxima por mera sugestión. También se ha observado este fenómeno ampliado a tres o más personas, incluso a grupos amplios, especialmente cuando existe una vinculación afectiva estrecha o fanática con la persona delirante, originándose auténticas psicosis colectivas como consecuencia de un contagio psicológico, en el que interviene de forma decisiva la sugestión.

Las personas emocionalmente inmaduras[47] también suelen ser, en ocasiones, excesivamente crédulas y sugestionables, por igual que sucede en ambientes sociales de escaso nivel cultural o en pueblos poco evolucionados, en donde predomina el pensamiento mágico.

Generalmente, los efectos de la sugestión suelen ser breves y pasajeros. La utilización de placebos (medicamentos que no contienen en realidad ningún fármaco) no produce más que mejoría a corto plazo en el mejor de los casos, perdiendo al cabo de poco tiempo toda su eficacia.

La capacidad para sugestionar o ser sugestionado también se ha utilizado con fines terapéuticos, mediante prácticas de sofronización para eliminar el dolor, de hipnosis o técnicas de relajación. Mediante un entrenamiento adecuado, algunas de estas técnicas pueden

---

46 Véase el capítulo «La personalidad histérica o histriónica».

47 Véase el capítulo «La personalidad inmadura».

ser posteriormente aplicadas por la propia persona, que de este modo puede sugestionarse y controlar mejor sus dolores, sensaciones y emociones.

Las habilidades sociales o asertividad

El hombre es un ser social por naturaleza, vive necesariamente en sociedad y de hecho se ha comprobado ampliamente cómo, si es sometido a períodos prolongados de aislamiento, se pone en juego su salud psíquica. Sin embargo, las relaciones con los demás pueden entrañar numerosas dificultades. A lo largo de la vida, se va desarrollando paulatinamente la capacidad para adaptarse e integrarse en la sociedad, mediante una serie de habilidades sociales, que configuran un ingrediente importante de la personalidad. Por otra parte, el trato con los demás constituye un incomparable marco de expresión de las diversas particularidades de cada personalidad.

Los principales problemas que suele haber en este terreno derivan de la interacción que, en sí mismas, implican las relaciones sociales, por la presión que se puede ejercer o recibir de los demás y el temor a quedar socialmente descalificados o, si se prefiere, a no quedar suficientemente cualificados. En este sentido, se puede hablar de personas escasa o excesivamente «asertivas».

Las personas poco asertivas se caracterizan especialmente por tener dificultades en las cinco áreas siguientes:

a) **Les resulta muy incómodo y complicado negarse a lo que los demás les solicitan**, les cuesta mucho «decir no», y al hacerlo se sienten mal. Si no se niegan, después también se sienten mal, ya que consideran que deberían haberse negado a algo que juzgan innecesario, inconveniente, gravoso o fuera de lugar. Por esto a ellos les resulta muy difícil solicitar favores a otras personas, ya que temen incomodarlas y forzarlas, creándoles un malestar similar al que ellos han sufrido en situaciones análogas.

b) **No se atreven a expresar sus verdaderos sentimientos** u opiniones, cuando son distintos o contrapuestos a los de otras personas, particularmente si tienen con ellas poca confianza, por temor a disgustarlas, defraudarlas o a crear por este motivo una situación tensa. Como resultado, terminan recurriendo a la mentira o a la simulación en estas circunstancias, o cuando menos al mutismo, lo cual hace que después se sientan mal como consecuencia de su escasa autoafirmación.

c) **Tienden a una excesiva pasividad en lo social**, no siendo generalmente capaces de tomar iniciativas en este terreno. Les resulta extraordinariamente difícil presentarse a sí mismos en una relación social, iniciar una conversación con alguien de poca confianza, hacer una invitación o propuesta sencilla y bien intencionada a otra persona con el fin de conocerse mejor, etc. Temen resultar molestos o inconvenientes, quedar rechazados, defraudados o avergonzados por los otros, con lo que prefieren optar por la pasividad y dejar que los demás se acerquen a ellos si lo desean. Esta falta de iniciativa les perjudica a largo plazo, les conduce muchas veces a no poder elegir los amigos que desearían, conocer a pocas personas y sentirse tensos e incómodos en las reuniones sociales en las que no están acompañados de alguien de su confianza.

d) **Les resulta muy difícil comportarse de un modo espontáneo y natural cuando están ante desconocidos o se sienten observados,** como cuando tienen que hablar en público, angustiándose de un modo desproporcionado. En las reuniones sociales y con las personas de poca confianza, se muestran excesivamente inhibidos, callados, tensos, rígidos, cautelosos, evasivos, con una actitud excesivamente defensiva, que no está justificada. Abordan o mantienen a duras penas una conversación normal, aunque sea sobre temas superficiales o intrascendentes. Esto les suele conducir a evitar o rechazar este tipo de reuniones o situaciones de las que no disfrutan, sino que, por el contrario, no son para ellos más que una fuente de incomodidad, tensión e incluso sufrimiento.

e) **Se sienten mal cuando tienen que dar, solicitar o recibir disculpas de otras personas**, viviendo estas situaciones de un modo tenso y forzado. Pueden llegar a tener reacciones sorprendentes, como no aceptar disculpas o no darlas, solamente por la tensión que les supone, a pesar de que comprendan perfectamente que hacerlo es lo más adecuado. También pueden sentirse incapaces de expresar quejas o justas demandas a otras personas, de hacer valer sus derechos o merecimientos, con lo que sufren calladamente estas cuestiones, pero después se rebelan internamente ante su incapacidad y el dolor que les ocasionan estas situaciones realmente injustas o inadecuadas. En algunos casos, terminan explotando un buen día y diciendo de malos modos todo lo que no se atrevieron a expresar con anterioridad, lo cual suele coger a los demás por sorpresa y dar lugar a conflictos importantes.

Las personas excesivamente asertivas se caracterizan precisamente por comportase de un modo completamente opuesto. No tienen el menor pudor para solicitar a los demás todo tipo de favores, a pesar de que éstos no les hayan hecho la menor insinuación al respecto. Exigen puntual e insistentemente lo que consideran sus derechos y expresan de un modo atrevido, abierto y descarado sus sentimientos y opiniones, incluso fuera de contexto, ocasionando situaciones tensas e incómodas por doquier y sin motivo. Más que francos, se puede decir que son inoportunos e imprudentes. Los demás terminan sintiéndose incómodos y avasallados en su compañía, con lo que a medio plazo terminan evitándolos, lo cual, a veces, no es una tarea fácil, ya que pueden pasarles completamente inadvertidas las alusiones que se les puedan hacer en este sentido.

La confianza y los celos

Confiar, tener confianza en otra persona, es creer en ella. Esto nos puede causar disgustos y desengaños; sin embargo, un cierto nivel de confianza es imprescindible para poder mantener ciertas relaciones humanas.

Existen personas demasiado confiadas, ingenuas. Muchas veces esto se debe a que ellas serían incapaces de hacer nada malo a los otros, ni tan siquiera de pensarlo. Por esto, no consideran la posibilidad de verse traicionadas.

En otros casos, la ingenuidad es consecuencia de una escasa experiencia e inteligencia social, o en casos concretos, fruto de un hábil engaño tramado por algunos desaprensivos, con el fin de obtener algún beneficio.

Otras personas, por el contrario, son demasiado desconfiadas. Esto puede deberse a experiencias anteriores en las que sufrieron algún revés importante como consecuencia de haber depositado su confianza en alguna persona. Otras veces, la desconfianza procede de uno mismo, de ponerse en el caso del otro y pensar cómo podría actuar en esas circunstancias. También es frecuente que éste sea un síntoma de falta de seguridad en uno mismo.

Los desconfiados suelen ser celosos. Aunque los celos puede proceder de otras parcelas psicológicas distintas. Los celos son una emoción que surge como consecuencia de un exagerado afán por poseer algo de forma muy preferente o exclusiva.

Los más comunes son los que se refieren a la posesión de la persona amada, entendiendo como tal a la pareja o al cónyuge, aunque la conducta celosa se puede dar también en otras formas de amor. Un hijo puede estar celoso del amor de los padres por su hermano, el marido celoso del amor de la madre por un hijo o por otro familiar, el amigo celoso de la amistad por otra persona, etc.

En general, los celos, en todas sus manifestaciones, son un exponente de que algo no va bien, desde el punto de vista psicológico. En el amor conyugal es donde más se dan las actitudes verdaderamente celosas, ya que se une a la emoción de los celos una conducta de espionaje o vigilancia de la pareja. Al fin y al cabo, «celar» no significa otra cosa que «vigilar», estar alerta para que nada le ocurra al objeto poseído.

Los celos se montan sobre un gran afán de posesión y de exigencia egocéntrica por parte de uno de los miembros de la pareja que se añade a una exagerada interpretación de cómo se debe demostrar en cualquier momento la fidelidad.

Las personas celosas están continuamente observando a su pareja, lo que hacen, lo que dicen, cómo miran a los demás, lo que han hecho cuando han salido de casa, etc. Una simple mirada puede ser para el celoso una fuente de sospechas y un motivo para hacer reproches al otro.

En los celos también suele intervenir un temor desproporcionado frente a los juicios y opiniones de los demás, un miedo al desprestigio social que puede surgir como consecuencia de la infidelidad de la pareja, y un concepto medieval del honor. En otros casos, la infidelidad se vive como una amenaza contra el yo, por una concepción equivocada del orgullo que realmente demuestra un trasfondo de inferioridad. La deslealtad atenta contra el yo por producir una disminución de la autoestima.

Especialmente en el caso de algunos hombres, la mujer, como objeto de amor, puede verse resquebrajada por la infidelidad, ya que de este modo pierde las características propias de la idealización del objeto amado; es decir, falla en un concepto previo que el hombre había elaborado sobre ella, que entre otras características incluía la de una fidelidad a ultranza, por lo cual, tras ser descubierta la infidelidad, se produce la ruptura del objeto idealizado, que se convierte así en algo indigno de su afecto.

La reacción tras el descubrimiento de la infidelidad puede ser muy acentuada, incluso puede dar lugar a un crimen pasional. La agresividad, en estos casos, puede ir dirigida en dos sentidos: hacia la pareja o hacia la persona con la que ésta ha sido infiel.

En el primer caso, la infidelidad se vive directamente como una traición de la persona amada. Cuando la agresividad se dirige hacia la tercera persona, se vive la infidelidad como si la pareja hubiese sido seducida o engañada por ésta aprovechándose de su ingenuidad o de alguna circunstancia, eximiéndose a la pareja de una buena parte de culpa. No obstante, son frecuentes los casos en que la conducta agresiva se dirige hacia ambas personas.

Tras los celos se descubre muchas veces un problema de falta de confianza en uno mismo, unida casi siempre a sentimientos de inferioridad, por los cuales estas personas no se sienten merecedoras del cariño de su pareja y esto les lleva a desconfiar de su lealtad y a evitar todo tipo de situaciones que pueda propiciar la infidelidad de la persona amada. Estas situaciones son frecuentes en matrimonios en los que existen grandes diferencias entre los dos cónyuges, especialmente de edad.

Los más inseguros piensan que si su pareja tuviese una relación amorosa con otro, podrían dejar de quererles o abandonarles, porque descubrirían cómo pueden resultar atractivas a personas más valiosas en algunas facetas o en conjunto que ellos, o bien que, por simple comparación, su pareja descubra lo poco que él vale en realidad, decidiéndose a iniciar una relación afectiva con otros.

El matrimonio y el amor tienen uno de sus grandes pilares en la capacidad para mantener una comunicación franca y sincera, basándose desde un principio en las reglas de la mutua confianza. Los celos implican la pérdida de esta confianza indispensable para el buen funcionamiento de la relación afectiva y alteran la comunicación, que se centra periódicamente en la investigación de hechos que la persona celosa piensa que le pueden estar ocultando.

Como consecuencia, antes o después, se termina produciendo un gran deterioro de la relación, ya que esta situación de continua desconfianza genera una gran tensión emocional tanto en el celoso como en su pareja, que se siente continuamente acosada, vigilada, interrogada, generalmente sin motivos.

En un clima así se comprende que resulte imposible la felicidad conyugal, y el desenlace pasa en muchos casos por la ruptura, promovida no por el celoso, sino por el otro. En algunos casos, este acoso continuo al que estas personas se ven sometidas puede empujarles hacia la infidelidad, como una forma de despecho, por dar motivos reales al que insiste en imaginarlos.

En algunos tipos de personalidad son más frecuentes los celos. Serían las personalidades caracterizadas por un alto egocentrismo, los inseguros de sí mismos, los necesitados de estimación o histéricos, y los narcisistas; pero sobre todo las personalidades paranoides, que se caracterizan precisamente por su marcada tendencia a la desconfianza[48].

También puede influir en una posterior conducta celosa el haber padecido durante la infancia experiencias traumáticas en relación con la infidelidad entre los padres.

En otros casos, los celos se deben a un trastorno psicopatológico, como un desarrollo paranoide o celotipia, en el que a partir de una situación más o menos real de deslealtad se elabora toda una estructura psicológica sin base real en relación con la infidelidad de una persona, que puede durar toda la vida. También son frecuentes en algunas formas de esquizofrenia paranoide.

A veces resulta difícil saber si se trata de unos celos motivados o de un trastorno psicopatológico por la minuciosidad con que está elaborada la trama delirante. No obstante, la carencia de secuencia lógica de algunos razonamientos termina descubriendo su carácter patológico, que por lo demás estaría presente al margen de que los celos estuviesen o no justificados.

Entre los alcohólicos crónicos son muy frecuentes los celos, potenciados en los hombres por la impotencia sexual que termina causando el alcoholismo. Los celos suelen ser entonces el motivo de las agresiones de que es objeto la pareja del alcohólico.

La personalidad en el amor

Cada persona tiene una forma particular de amar, de comportarse en el amor y, a su vez, solamente le resultan atractivas otras personas de características más o menos especiales. Esto no significa que necesariamen-

---

48 Véanse estos trastornos de personalidad en la segunda parte de esta obra.

te exista una tipología concreta que atraiga a cada tipo de personalidad, pero sí que ciertos rasgos resulten más afines de unos tipos de personalidad que de otros.

En cualquier caso, el proceso del enamoramiento resulta psicológicamente muy complejo, interviniendo en él múltiples factores. Lo más común, al comienzo, es que llame la atención el aspecto físico de alguien. De repente, se conoce a una persona que «nos gusta». No es sólo su belleza física, es algo más, difícil de precisar (sus gestos, su forma de hablar, de moverse...), lo que la convierte en una persona particularmente atractiva.

Más tarde, su forma de comportarse, la relación que se va, poco a poco, estableciendo con ella, tiene algo sugestivo, especial, que cautiva al otro sin que casi pueda darse cuenta.

A veces, se produce un «amor a primera vista», un «flechazo». En otras ocasiones, esa persona puede resultar poco interesante al principio, incluso parecer desagradable o pretenciosa. Sin embargo, según se la va conociendo más, cambia la opinión inicial, que deja paso a una actitud más receptiva.

En estos procesos, la intuición desempeña un papel importante. No cabe duda de que todo ser humano va acumulando, sin darse cuenta, una serie de experiencias y conocimientos que dan lugar a ciertas asociaciones inconscientes. Es lo que algunos han llamado «memoria experiencial».

Cuando, por ejemplo, entramos en una habitación que nos es familiar y la notamos distinta, extraña, buscamos el motivo hasta que al final identificamos que algo falta o está cambiado de sitio. El aviso inconsciente es anterior a la explicación racional, porque sin darnos cuenta hemos ido grabando en nuestra memoria la distribución, colores, etc., de ese cuarto.

Igualmente, cuando alguien ve a una persona y le «cae mal» sin que él mismo sepa decir por qué, se están poniendo en marcha procesos inconscientes de este tipo. Probablemente haya tenido experiencias anteriores por las que identifique algunos gestos o comportamientos con formas de ser que le desagradan, pero le resulte difícil encontrar una explicación racional que lo justifique.

Lo contrario sucede cuando una persona le atrae. Intuye que con ella se podría compenetrar y sentirse bien en su compañía. Pero muchas veces no termina siendo así, esta intuición falla.

Esto es particularmente frecuente cuando la situación afectiva es propensa al enamoramiento. Entonces se tienden a proyectar esos deseos en casi cualquier persona en la que se halla cierta sintonía. Como decía André Maurois[49], en ciertos períodos de la vida se está débil afectivamente y como la persona que está baja de defensas se encuentra a merced de cualquier virus que pasa a su alrededor, esta debilidad afectiva le hace propenso a enamorarse, casi, de cualquiera.

Tras esta primera fase de atracción física y psíquica, esta persona comienza a considerar la posibilidad de que ella también puede haberle gustado al otro. Por eso, es más fácil enamorar, si esto se pone de manifiesto, de forma más o menos entrevelada. Es el juego de la coquetería en sus diversas manifestaciones.

Después viene el momento más peligroso, cuando se considera, de un modo más o menos racional, la posibilidad de llegar a enamorarse de esa persona concreta. En este punto actúa la voluntad. Si se deja esta puerta abierta, todo es posible. El amor se cuela imperceptiblemente y cuando se quiere reaccionar, ya no es posible. Esa persona se ha enamorado.

A partir de entonces, se van configurando una serie de procesos que producen un cierto alejamiento de la

---

49 A. MAUROIS, *Sentimientos y costumbres*, en *Obras Completas*, vol. V, Plaza y Janés, Barcelona, 1968.

realidad hasta llegar a un estado, en palabras de Ortega y Gasset[50], de «imbecilidad transitoria».

Por un proceso denominado «catatimia» se percibe de otro modo todo lo referente a esa persona. La afectividad deforma estas percepciones acercándolas a los propios deseos: se ve a esa persona más guapa, más interesante, más inteligente, etc., aunque los demás no estén de acuerdo. Por eso se dice que el amor es ciego.

Además, se produce una «proyección atributiva inconsciente», fenómeno que consiste esencialmente en completar, sin darse cuenta, los aspectos desconocidos de la persona objeto de amor, con los atributos que el enamorado desea, por lo que ésta queda idealizada.

El enamoramiento es una pasión y, como tal, organiza la personalidad con el único fin de obtener el objeto que la nutre, el ser amado. Los enamorados se ven arrastrados y dominados por él. No pueden dejar de pensar en el otro ni concentrarse en otra cosa, aunque lo intenten. Se cambia de forma de pensar. Si hace falta, todo se justifica, el corazón anula la razón, todo vale si es para poder estar con esa persona, no se soporta su ausencia, se quiere poseer a toda costa y de ahí la expresión «te comería».

Naturalmente, hay personas más o menos apasionadas, por lo que estas transformaciones son en algunos casos mucho menos intensas que en otros, pero en todos los casos los aspectos afectivos se imponen a los racionales.

Después, cuando la intensidad del enamoramiento va cediendo, comienzan a surgir poco a poco algunas dificultades, dudas y problemas. ¿Será capaz de querernos tal como nosotros la queremos? ¿Su carácter es compatible con el mío? ¿Merece realmente la pena? Amar y enamorarse son cosas bien distintas.

---

50 J. ORTEGA Y GASSET, *Estudios sobre el amor*, en *Obras Completas*, vol. V, Alianza Editorial, Madrid, 1983.

El amor es un sentimiento de estimación ajena, del que nos sentimos autores, que se prolonga en el tiempo con relativa independencia de las circunstancias externas, en función de la voluntad y de la capacidad personal para nutrirlo.

En el amor no hay voluntad de posesión como en el enamoramiento, sino deseos de dar y compartir. Deseos que se proyectan ampliamente en el tiempo, dentro de un proyecto común con la persona amada. Es un sentimiento que cambia el rencor por perdón, los celos por la confianza plena, la rivalidad por la colaboración, la intolerancia por la comprensión, el egoísmo por la generosidad.

Generalmente, el amor surge del enamoramiento. La relación se va trasformando paulatinamente, y según se atenúa el apasionamiento inicial va aumentando el amor progresivamente. En otros casos sucede al contrario: la relación comienza por el amor que se tiene a una persona y, casi sin darnos cuenta, descubrimos que estamos enamorados.

El enamoramiento sin amor carece de consistencia y, con el tiempo, está abocado al fracaso. El amor sin enamoramiento sí que la tiene, y puede sostener una relación satisfactoria para los dos. Si existe amor y enamoramiento, la relación es perfecta.

Por este motivo, hay que procurar no dejar las cosas del amor en manos del corazón exclusivamente. También hay que considerar, desde una perspectiva más racional, las posibilidades que tenemos de poder establecer y mantener una relación satisfactoria y duradera con una persona en concreto.

Es necesario calibrar nuestra capacidad y voluntad de amar, y también la suya. Las circunstancias que rodean a esa persona, su familia, sus amigos, etc., pueden tener un valor importante, ya que todo esto vendrá a formar parte de nuestro mundo.

Muchas veces, los problemas aparecen cuando no se encaja, por el motivo que sea, con la familia o los amigos del otro. Se puede tender a evitar esta relación, incluso a intentar alejar al otro de sus seres queridos, lo cual no se suele aceptar, ni es bueno, ya que son vínculos antiguos y naturales que generalmente se deben respetar y aceptar.

Un nivel cultural e intelectual parecido también va a favorecer una buena comunicación entre esas dos personas. Una comunicación amplia, libre, espontánea, sincera y participativa, es esencial para lograr una relación afectiva adecuada.

Un estilo de educación parecido va a evitar muchos roces o comportamientos desagradables de la vida cotidiana, lo cual es verdaderamente importante a medio y largo plazo. Muchas relaciones se estropean por el rechazo que termina produciendo la falta de hábitos higiénicos, comportamientos groseros o, simplemente, costumbres diferentes.

Cuando se tienen planteamientos parecidos y realistas, si se piensa del mismo modo, particularmente en lo que se refiere a cuestiones fundamentales, es más probable que se llegue a un acuerdo, por lo cual es siempre preferible que haya una concordancia ideológica, escalas de valores similares y orientaciones parecidas en la forma de ver la vida.

Tener aficiones parecidas constituye una ventaja en la mayoría de los casos, ya que facilita la posibilidad de compartir mejor el tiempo de ocio; no obstante, cuando se trata de personas abiertas, el tenerlas distintas puede resultar enriquecedor, siempre que el otro procure ir interesándose por ellas.

No todo el mundo está preparado para establecer una relación afectiva adecuada y duradera. Resulta imprescindible una cierta madurez de personalidad. También hay rasgos de personalidad favorables en este sentido. Esencialmente consistirían en una buena capacidad para dar y recibir afecto, para comprender al otro, para adaptarse a los cambios y dificultades, en una suficiente estabilidad emocional, sentido de la lealtad y fidelidad.

Tener una cierta imaginación para evitar la rutina y saber disfrutar de la vida dentro de cada circunstancia, suele evitar que la relación caiga en el tedio de la monotonía. Un buen sentido del humor desdramatiza muchas situaciones y alegra la vida a los demás.

El respeto al otro es esencial para la vida afectiva y esto implica establecer una relación de igualdad, de persona a persona, en la que todo se comparte, desde lo que se posee a lo que se decide.

Es cierto que, a veces, la relación puede modificar hábitos previos inadecuados, pero generalmente no sucede así. El abuso de alcohol, el consumo de drogas, la prodigalidad, la tendencia excesiva al juego, las conductas irresponsables y caprichosas son casi incompatibles con una buena y duradera relación afectiva. Creer que estas personas irán cambiando no pasa de ser, la mayoría de las veces, una ingenuidad.

Hay otra cuestión particularmente importante. Aunque el amor, como sentimiento, tiene siempre las mismas características básicas, no todo el mundo quiere de la misma forma. No es suficiente con querer, sino que hay que saber querer.

Saber querer es encauzar ese sentimiento hacia comportamientos de la práctica diaria que logren el objetivo último del amor: hacer feliz al otro. Puede haber formas de amar que no sean adecuadas para la personalidad de ciertas personas y sí para otras. Casi nunca existe una auténtica incompatibilidad de caracteres, sino un planteamiento pobre o inadecuado de la relación afectiva.

Es cierto que la convivencia diaria entre dos personas siempre es difícil. Los pequeños detalles y dificultades del día a día pueden ir minando progresivamente una relación hasta destruirla. Sin embargo, cuando se procura, no sólo con cariño, sino también con inteligencia, enriquecer esa relación en el día a día, no es tan difícil, a pesar de estos obstáculos, lograr una relación afectiva plenamente satisfactoria.

Las pautas más elementales pasan por no descuidar en ninguna circunstancia el aspecto y aseo personal, evitando todo comportamiento grosero, que pueda resultar desagradable al otro, ya que esto ataca con violencia los fundamentos del enamoramiento. Hay que cuidar los pequeños detalles, recordando siempre aquellos que, aunque no tienen verdadera importancia, irritan o agradan mucho al otro. La vida cotidiana, y sobre todo la conyugal, se compone esencialmente de pequeños detalles, que a la larga ejercen una influencia decisiva sobre el curso de la misma[51].

También resulta imprescindible respetar al otro en todo momento. Los gritos, insultos, palabras agresivas o de desprecio, son mortales para el amor y destruyen el espíritu de convivencia. En muchos casos, unas palabras dichas en un momento de enfado, que no se corresponden con los sentimientos auténticos de quien las pronuncia, pueden quedar profundamente grabadas en la memoria del otro, impidiendo que todo vuelva a ser como antes.

Muchas parejas fracasan por esto. Tanto más, cuanto se suele reaccionar ante la agresividad con más agresividad. Si en un momento dado, por el motivo que sea, o incluso sin él, uno se comporta con cierta agresividad, es preferible no hacer mucho caso y dejar que el tiempo pase, para después advertirle de que su comportamiento era inaceptable y debe procurar evitar que se repita en el futuro.

---

[51] E. ROJAS, *Remedios para el desamor*, Temas de Hoy, Madrid, 1992.

Si, por el contrario, se reacciona ante la agresividad con más agresividad, lo cual es muy común, se provoca en el otro una agresividad aún mayor, cerrándose un círculo vicioso en el que la agresividad alcanza, por ambas partes, cotas altas y desproporcionadas. La situación se agrava aún más si se aprovechan esos momentos de tensión para reprocharse también mutuamente toda una serie de errores, fallos, defectos o agravios del pasado. Estas situaciones destruyen profundamente la relación, a pesar de no existir realmente motivos de fondo que justifiquen este deterioro. Por esto, es muy importante evitar las discusiones superfluas, sin objeto ni finalidad, las descalificaciones y críticas repetitivas, que sólo sirven para irritar o humillar al otro, favoreciendo actitudes de rencor o resentimiento.

Otra cuestión nuclear es la de la comunicación. Sin una comunicación suficiente y adecuada, toda relación afectiva es inviable. Una buena comunicación sirve para ir conociendo mejor al otro y para dejarse conocer por él, para compartir sentimientos, inquietudes, decisiones, para aumentar la confianza mutua y para comprenderse mejor. Para conseguirla, es necesario saber escuchar, mantener una actitud dialogante y de respeto por las opiniones del otro, evitando trampas o abusos dialécticos.

Para que la comunicación se mantenga y crezca adecuadamente, hay que conducirla de tal modo que resulte gratificante para los dos. Cuando hablar se convierte en algo desagradable, en una fuente de tensiones, se tiende a evitar la conversación, hablando solamente de lo imprescindible, que casi siempre coincide con lo más desagradable. Es cierto que resulta necesario abordar de vez en cuando temas espinosos o difíciles, pero éstos solamente deben suponer una pequeña parte del tiempo total de comunicación, y hay que buscar el momento más oportuno para exponerlos.

La capacidad para ser oportuno facilita enormemente la posibilidad de crear y conservar una buena relación. Hay un momento idóneo para cada cosa. Esto se intuye, o se pregunta. No es bueno sacar a relucir en primer lugar, nada más ver al otro, los problemas nuevos o pendientes de resolver. De este modo, se asocia directamente a esa persona con una fuente de displacer, y se puede tender a evitarla, incluso inconscientemente. Es preferible no abandonarse a la impaciencia y dejar pasar un poco de tiempo, evitando resultar agobiantes, sobre todo, de entrada, de primera impresión, ya que de este modo es como más se influye en el aprendizaje de toda conducta.

Las actitudes excesivamente absorbentes o posesivas tampoco son positivas. Terminan provocando rechazo y asfixiando al otro. Peores aún resultan los celos, ya que atacan a la confianza, que es uno de los pilares esenciales sobre los que se fundamenta una buena relación conyugal[52]. En este sentido, hay que procurar ser suficientemente comprensivos y tolerantes en cuestiones que no sean de verdadera importancia, permitiendo una relativa independencia y flexibilidad en lo accesorio. Nunca se debe olvidar que el cariño no se exige, sino que se conquista.

Otra fuente frecuente de conflictos procede de las interferencias que ocasionan terceras personas, especialmente familiares o amigos que se cuelan en la intimidad de la pareja, modificándola o destruyéndola. Cuando esa intimidad es compartida por otros, bajo el disfraz de mera compañía, opiniones, consejos, apoyos, favores, ayudas, etc., termina perdiendo su cualidad esencial, alterándose uno de sus ejes fundamentales e imprescindibles.

La sexualidad también es importante. Muchos problemas sexuales no son sino la expresión de con-

---

[52] Véase el capítulo «La confianza y los celos».

flictos situados en otras áreas ya mencionadas. La sexualidad, como expresión de unión, compenetración y sintonía afectiva, es difícil cuando ésta no existe en la vida cotidiana. No obstante, en algunos casos, el problema original está situado en el ámbito sexual, extendiéndose después el conflicto al área relacional y afectiva.

Para conseguir una sexualidad adecuada hay que ligarla siempre al amor, como expresión de éste, de la unión en todos los órdenes que significa. Entendida así, la sexualidad es algo íntimo a compartir que implica confianza, afecto, entrega natural, plena, libre y espontánea al otro. También resulta necesario un nivel suficiente de información sexual y saber buscar el momento oportuno para sugerir una relación al otro. El rechazo de una propuesta sexual suele tener efectos nocivos para la relación, especialmente cuando se trata de un hecho frecuente. Produce frustración en el otro y distanciamiento afectivo. Por el contrario, una sexualidad adecuada fomenta la confianza mutua y facilita el estrechamiento de los lazos afectivos.

Otra herramienta clave es el sentido del humor. Aplicado con habilidad y en el momento oportuno, es capaz de desdramatizar cualquier situación difícil, de romper la tensión, de aproximar al otro. Mejor aún resulta la capacidad y voluntad de trasmitir alegría y de recibirla, incluso en los momentos más comprometidos. La alegría es siempre como un soplo de aire fresco para la pareja, que facilita disfrutar de la vida, compartir una felicidad profunda con el otro.

Pero, como decía André Maurois[53], el más peligroso error para una pareja sería creer que lo que ha durado unos años durará siempre, sin más. Todo se gasta en

---

[53] A. MAUROIS, *El profesor de Matrimonios*, en *Obras Completas*, Plaza y Janés, Barcelona, 1968.

un hogar, los cuadros mejor clavados se caen, las alfombras y los sentimientos muestran la trama.

Puede ocurrir que un día, de repente, el hombre, la mujer, o ambos, se den cuenta de que su relación ya no es lo que era, de que se ha creado, poco a poco, una distancia entre ellos que ahora aparece súbitamente inmensa y difícil de salvar. Esto no es raro, puede solucionarse, pero mejor es prevenirlo. Para lograrlo es necesario tener en cuenta algunas pautas fundamentales.

Mantener un buen nivel de comunicación, como ya se ha dicho, es una de ellas. La rutina, la excesiva monotonía, el aburrimiento, también son grandes enemigos de toda relación. Poco a poco, pueden ir asfixiándole hasta hacerle perecer. Por esto, es imprescindible desarrollar la imaginación para buscar novedades, para improvisar salidas nuevas, actividades distintas para compartir en el tiempo de ocio, encontrar fácilmente motivos para hacer una celebración, un viaje íntimo o con amigos, para tirar un día «la casa por la ventana» o para hacer algo «especial» de vez en cuando.

Otro gran enemigo es el rencor. Destruye a quien lo posee, amargándole su vida y, naturalmente su matrimonio. Si en tantos aspectos de la vida es necesario saber perdonar, mucho más lo es en éste y, sin embargo, aquí el perdón puede ser más difícil. Algunas personas parecen capaces de perdonar a todo el mundo, excepto a su pareja, sin darse cuenta de que conducen a su relación y a ellos mismos a un callejón sin salida.

Hay que procurar ser lo más generoso posible con el otro, en todos los aspectos. Los comportamientos miserables en el terreno material o afectivo matan el amor. Las posturas individualistas, rígidas, autoritarias, son incompatibles con el espíritu de participación y colaboración, de decidir y hacer entre los dos, de compartir todo con generosidad a lo largo de la vida. Llevar la competitividad de la sociedad actual a la relación afectiva es atacar a su unidad, es decir, asestarle un golpe de muerte. Las comparaciones entre uno y otro sólo suelen servir para crear defensas y justificaciones psicológicas, que terminan en reproches o descalificaciones.

También es necesario continuar dando suficientes muestras de afecto en los gestos, en las palabras, en pequeñas cosas, buscando tener suficientes ratos de intimidad en donde continuar cultivando el amor, manteniendo las ilusiones antiguas y dando paso a otras nuevas, siempre, compartidas. Aunque el excesivo aislamiento es perjudicial y conviene mantener y aumentar el círculo de amigos, es también bueno salir o hacer un viaje los dos solos con cierta frecuencia, aprovechando especialmente esos momentos para continuar «conquistando» al otro.

DIFERENCIAS ENTRE AMOR Y ENAMORAMIENTO	
AMOR	ENAMORAMIENTO
* Se experimenta como voluntario	* Se experimenta como involuntario
* Elaboración más racional	* Elaboración más irracional
* Deseo de dar y compartir	* Deseo de poseer y celos
* Experiencia afectiva poco intensa	* Experiencia afectiva muy intensa
* Experiencia afectiva profunda	* Experiencia afectiva superficial
* Comportamiento congruente con la afectividad	* Comportamiento ambivalente y contradictorio (paso al odio)
* Paciencia	* Impaciencia
* Planificación	* Improvisación
* Constancia	* Inconstancia
* Conductas maduras	* Conductas inmaduras
* Da estabilidad emocional	* Da inestabilidad emocional
* Bastante objetividad de apreciación	* Gran subjetividad de apreciación
* Lo físico y sexual no es tan importante	* Lo físico y sexual es muy importante
* Proyección amplia en el tiempo	* Proyección a corto plazo

CARACTERÍSTICAS DE LA PERSONALIDAD IDÓNEA COMO ELECCIÓN EN EL AMOR

* Atracción física mutua
* Aficiones comunes
* Buena capacidad de comunicación
* Escala de valores similar
* Buena relación con los familiares y amigos del otro
* Nivel cultural y educacional sin grandes diferencias
* Capacidad intelectual parecida
* Concordancia ideológica (ética, religiosa, política, etc.)
* Madurez de personalidad adecuada
* Buena capacidad para dar y recibir afecto
* Estabilidad emocional
* Sentido del humor
* Capacidad para adaptarse a los cambios
* Lealtad y fidelidad
* Proyectos comunes compatibles
* Buena tolerancia a las frustraciones
* Voluntad de compartir
* Capacidad de comprensión y sacrificio. Tolerancia y generosidad
* Respeto del otro. Conciencia de igualdad.
* Planteamientos realistas
* Capacidad para no caer en la monotonía
* Ausencia de hábitos inadecuados (alcohol, drogas, juego, etc.)

PRINCIPALES PAUTAS PARA EVITAR LAS DIFICULTADES DE CONVIVENCIA

— No descuidar el aspecto y aseo personal. Evitar todo comportamiento grosero.

— Saber escuchar y dialogar.

— Cuidar las formas, evitando gritos, gestos, frases agresivas o despectivas, y toda falta de respeto al otro.

— Evitar reaccionar a la agresividad con más agresividad.

— Saber esperar y buscar el momento oportuno para cada cosa.

— Cuidar los detalles pequeños evitando aquellos que no tienen importancia, pero que irritan mucho al otro.

— Ser suficientemente comprensivos y tolerantes.

— Evitar interferencias de terceras personas.

— Vivir una sexualidad adecuada.

— Evitar discusiones, descalificaciones, críticas y agravios repetitivos e innecesarios.

— Fomentar la alegría y el sentido del humor.

— Evitar actitudes excesivamente absorbentes, posesivas o celosas.

— Intentar conocer más al otro y dejarse conocer por él.

PRINCIPALES PAUTAS PARA CONSERVAR EL AMOR
— Colaborar con el otro, evitando con él la competitividad y las comparaciones.
— Continuar expresando suficientes muestras de afecto.
— Buscar novedades, evitando caer en la rutina.
— Saber perdonar, evitando actitudes rencorosas o vengativas.
— Tener suficientes ratos de intimidad, evitando también el aislamiento excesivo.
— Compartir el tiempo de ocio, decisiones, preocupaciones, etcétera.
— Mantener un buen nivel de comunicación.
— Hacer de vez en cuando un viaje los dos solos.
— Encontrar fácilmente motivos para hacer una celebración, o algo «especial», de vez en cuando.
— Mantener las ilusiones antiguas y crear otras nuevas.
— Ser generoso con el otro, evitando posiciones individualistas o autoritarias.

CAPÍTULO II

LOS TRASTORNOS DE LA PERSONALIDAD

¿Qué es un trastorno de la personalidad?

Cuando hablamos de trastornos de la personalidad nos referimos a aquellos casos en los que ésta se ha ido desarrollando de un modo anómalo, ya que poco a poco ha ido adquiriendo rasgos y mecanismos psicológicos inadecuados, hasta constituirse como un auténtico trastorno psicopatológico.

El término «desarrollo» implica, en psicopatología, una elaboración lenta y progresiva del trastorno dentro de la biografía de esa persona. No se puede delimitar con exactitud el momento en que empieza a desarrollarse el trastorno, lo que le distingue de los llamados «procesos», que se caracterizan por su aparición relativamente brusca, a partir de un momento dado, en que se puede apreciar claramente una ruptura en la biografía de esa persona, tal como sucede con la esquizofrenia, con determinados tipos de depresión, etcétera.

Los trastornos de la personalidad suelen ser consecuencia de factores educacionales y de una serie de experiencias sucesivas, de vivencias intensas, a veces traumáticas, experimentadas por una persona con un temperamento más o menos proclive a desarrollar este tipo de anomalías. Ante estas situaciones se introduce un mecanismo de defensa, que puede servir de alivio a corto plazo pero que, a la larga, será perjudicial.

Por ejemplo, una persona que se angustia en las relaciones sociales y que ha venido desarrollando un exagerado sentido del ridículo y temor a sufrir algún tipo de humillación o rechazo en reuniones sociales, se puede «defender» de su problema evitando cualquier tipo de actividad social que no le ofrezca absolutas garantías de que esto no pueda suceder. De este modo consigue no pasarlo mal. Sin embargo, a más largo plazo, este mecanismo acentúa su inseguridad de fondo y le hace perder progresivamente habilidades sociales para desenvolverse en estas situaciones, con lo cual el problema se va acentuando cada vez más, hasta llegar a constituirse un trastorno de la personalidad por evitación, del que más adelante nos ocuparemos.

En los trastornos de la personalidad parece más adecuado hablar de «anomalía», más que de enfermedad, es decir, hay que situarlos dentro de ese campo intermedio entre la salud y la enfermedad. No se trata de personas sanas, pero tampoco se puede decir que se trate de enfermos mentales, en un sentido estricto. De hecho, no implican una enajenación del «yo», una absoluta pérdida de responsabilidad, aunque sí un condicionamiento de la conducta, más o menos intenso, dependiendo de cada caso particular. Por este motivo, desde el punto de vista judicial los trastornos de personalidad no se consideran eximentes de delito, aunque sí atenuantes.

Teóricamente, existen tres límites mal perfilados en lo que se refiere a la personalidad y sus trastornos: la personalidad ideal, puramente teórica e inexistente; la personalidad normal, que se encuentra dentro de unos límites imprecisos definidos por la aceptación de sus rasgos dentro de unas fronteras más o menos definidas, tanto desde el punto de vista cualitativo como cuantitativo, y, por último, la personalidad trastornada, el trastorno de la personalidad, en el que se integran rasgos que sobrepasan los límites comúnmente aceptados de la normalidad. Esta imprecisión teórica no es tal en la práctica, ya que la alteración suele manifestarse de un modo suficientemente significativo como para que no queden dudas al respecto.

Tipos de trastornos de la personalidad

Existen muchos tipos de trastornos de la personalidad. A lo largo de la historia se han realizado numerosas clasificaciones en un intento de reunirlos, diferenciarlos y tipificarlos. No obstante, esto no ha resultado sencillo, probablemente debido a la gran complejidad y sutileza psicológica que, en muchos casos, suponen estas anomalías.

Tradicionalmente, al hablar de los trastornos de la personalidad se hacía referencia a dos grandes grupos: las «personalidades neuróticas», caracterizadas por los sentimientos de inferioridad y la inseguridad en uno mismo, y las «personalidades psicopáticas», caracterizadas por su agresividad y capacidad para hacer sufrir a los demás. En este aspecto, la clasificación del alemán Kurt Schneider ha servido de referencia obligada para la mayoría de los psiquiatras durante muchos años.

Últimamente se han intentado elaborar otras clasificaciones más modernas y universales, abandonando parcialmente los conceptos de lo neurótico y lo psicopático, buscando perspectivas nuevas y una mayor concordancia de criterios profesionales. Las más conocidas, admitidas y representativas son la clasificación CIE-10, realizada recientemente por la Organización Mundial de la Salud (OMS), y la DSM-IV de la Asociación Americana de Psiquiatría.

CLASIFICACIÓN DE KURT SCHNEIDER[54] DE LOS TRASTORNOS DE LA PERSONALIDAD O PERSONALIDADES PSICOPÁTICAS

— Psicópatas hipertímicos.
— Psicópatas depresivos.
— Psicópatas inseguros de sí mismos.
— Psicópatas fanáticos.
— Psicópatas necesitados de estimación.
— Psicópatas lábiles de ánimo.
— Psicópatas explosivos.
— Psicópatas desalmados.
— Psicópatas abúlicos.
— Psicópatas asténicos.

CLASIFICACIÓN CIE-10 [55] DE LOS TRASTORNOS ESPECÍFICOS DE LA PERSONALIDAD

— Trastorno paranoide de la personalidad.
— Trastorno esquizoide de la personalidad.
— Trastorno disocial de la personalidad.
— Trastorno de la inestabilidad emocional de la personalidad.
— Trastorno histriónico de la personalidad.
— Trastorno anancástico (obsesivo-compulsivo) de la personalidad.

[54] La inclusión aquí de la clasificación de Kurt Schneider, famoso profesor de la Universidad de Heidelberg, obedece más bien a motivos históricos, por haber sido la más relevante en su momento y la más significativa en la psiquiatría clásica europea. No obstante, continúa teniendo cierto interés, ya que contempla algunos trastornos de personalidad que no aparecen reflejados en clasificaciones más actuales (para una información más detallada, véase K. SCHNEIDER, *Patopsicología clínica*, Paz Montalvo, Madrid, 1975).

[55] CIE-10: *Trastornos mentales y del comportamiento*, Organización Mundial de la Salud, Meditor, Madrid, 1992.

— Trastorno ansioso (con conductas de evitación) de la personalidad.
— Trastorno dependiente de la personalidad.
— Otros trastornos específicos de la personalidad.
— Trastorno de la personalidad sin especificación.
— Trastornos mixtos de la personalidad.

CLASIFICACIÓN DSM-IV [56] DE LOS TRASTORNOS DE LA PERSONALIDAD

— Trastorno paranoide de la personalidad.
— Trastorno esquizoide de la personalidad.
— Trastorno esquizotípico de la personalidad.
— Trastorno antisocial de la personalidad.
— Trastorno límite de la personalidad.
— Trastorno histriónico de la personalidad.
— Trastorno narcisista de la personalidad.
— Trastorno de la personalidad por evitación.
— Trastorno de la personalidad por dependencia.
— Trastorno obsesivo-compulsivo de la personalidad.
— Trastorno pasivo-agresivo de la personalidad.
— Trastornos de la personalidad no especificados.

La personalidad histérica o histriónica

El término histeria procede de la palabra griega *hystera* (útero, matriz) y siempre se ha visto ligada al sexo femenino, si bien también los hombres pueden padecer trastornos histéricos, aunque es mucho menos frecuente. El término histrión hace referencia a las más-

[56] DSM-IV: *American Psychiatric Association,* Washington, 1994.

caras de los actores del teatro griego, a la teatralidad y dramatismo con la que suelen comportarse este tipo de personas. La personalidad histérica o histriónica se caracteriza precisamente por esta tendencia a la teatralidad, que procede de una exagerada necesidad de ser admirado y estimado por los otros.

Son personas que tienden a llamar la atención de los demás en sus opiniones, en su forma de vestirse, de comportarse, exagerando sus sentimientos, perdiendo el autocontrol, etc. Muchas veces, dan la impresión de estar representando un papel, aunque generalmente lo hagan de forma inconsciente.

Les aburre y desespera lo rutinario, todo lo que suponga monotonía. Tienen un exagerado afán de novedades que les sirvan para sentir la vida profundamente, para vivir intensamente, sobre todo en el terreno amoroso y afectivo. Esto hace que algunos se muestren muy activos en la búsqueda de experiencias novedosas, excitantes, diferentes.

Odian lo normal, que interpretan siempre como vulgar y valoran como aburrido y despreciable. Su profundo egocentrismo les lleva siempre hacia lo raro, lo diferente, lo inaudito, ya que de este modo pueden atraer sobre sí la atención de los otros, y sentirse distintos, lo que para ellos equivale a decir superiores, geniales.

El mismo concepto del genio, que aparece en el arte durante el período romántico, cobra aquí todo su esplendor. Para los románticos las personas geniales estaban dotadas de una inspiración y naturaleza particular y superior, que se manifestaba en su forma de sentir, expresarse, comportarse, etc. Son personas a todas luces distintas de los demás y de una naturaleza superior. Por este motivo, durante el romanticismo muchos artistas utilizan opiniones, atuendos y comportamientos extravagantes, con el fin de diferenciarse de los demás y argumentar, de este modo, su naturaleza de genios[57].

Son muy dados a las fantasías, a soñar despiertos, a intentar vivir una vida de novela. Este uso exagerado e inadecuado de la imaginación, en forma de evasión o para realizar deseos insatisfechos o inalcanzables, les aleja paulatinamente de la realidad, conduciéndoles a un mundo privado y distante, desde el cual la realidad siempre resulta insuficiente. **Suelen ser grandes insatisfechos.**

Pueden ser personas muy creativas, pero no en el aspecto intelectual. Su creación se encamina más al terreno artístico, particularmente en los campos donde resulta importante la expresión artística (teatro, cine, danza, poesía, etc.). Sus planteamientos son más intuitivos, afectivos, inspirados, que intelectuales, reflexivos, razonados.

Suelen ser personas muy sugestionables e influenciables, en las que los argumentos afectivos dominan a los racionales. Metafóricamente, se podría decir que su corazón domina su cerebro.

En sus relaciones con las personas desconocidas o con las que tienen poca confianza suelen mostrarse atentos, agradables, cálidos, encantadores, aduladores y seductores, aunque se percibe en ellos la inautenticidad. Con esto pretenden agradar y recibir de este modo una aprobación y alta valoración de los otros, lo cual les resulta imprescindible para incrementar la imagen que tienen de sí mismos, su autoestima.

Buscan y agradecen siempre los halagos de los demás, soportando muy mal sus críticas, a pesar de que digan frecuentemente que no les importan lo más mínimo las opiniones ajenas. Se trata de personas con una

---

[57] Véase en J. DE LAS HERAS, *Patobiografía de lord Byron,* tesina de licenciatura, Universidad Complutense, 1984.

hipersensibilidad emocional y afectiva que procede de una profunda inseguridad en sí mismas.

Les resulta fácil idealizar rápidamente a algunas personas que acaban de conocer, aunque al cabo de poco tiempo, por un pequeño detalle, se ven profundamente decepcionados por éstas, pasando de una exagerada idealización a la infravaloración más cruel y despiadada.

Con las personas de la familia o de más confianza se comportan de un modo muy distinto. Son vanidosos, caprichosos, desconsiderados, exigentes, despectivos, hirientes, a veces verdaderamente crueles en sus comentarios. Tienden a culpar siempre a éstos de sus frustraciones o problemas, reaccionado frecuentemente con explosiones de ira irracional e injustificada. Los demás no saben qué hacer, cómo tratarlos, ya que de todos modos al final comprueban cómo les terminan diciendo que lo han hecho mal.

Es frecuente que intenten manipular a los demás en su beneficio, recurriendo a chantajes afectivos, entre los que cabe destacar las amenazas o tentativas de suicidio.

Por tanto, sus relaciones humanas terminan siendo superficiales, insanas, inestables, poco sinceras. Ellos siempre culpan de esto a los otros, a la sociedad, al mundo, a la mala suerte, incapaces de admitir que el fallo está en su propio comportamiento, por lo que rara vez rectifican. Esto resulta aún más grave si se tiene en cuenta que estas personas, en el fondo, tienen una gran dependencia de los demás y que lo que más valoran son los logros de tipo afectivo.

El trastorno histérico de la personalidad conduce, en algunos casos, al abuso de alcohol o de otras drogas. Se recurre a estas sustancias para compensar los descensos bruscos del estado emocional que suelen padecer estas personas ante una frustración, ante un comentario desfavorable de otras personas, etc. El alcohol o las drogas pueden ser un refugio, servir para aumentar la autoestima o aliviar los síntomas ansiosos o depresivos, pero a medio plazo agravan la situación y crean dependencia.

Generalmente, el trastorno histérico de la personalidad termina produciendo, a medio o largo plazo, distimias o neurosis depresivas. Sus síntomas más comunes son: cansancio, disminución de la autoestima, inseguridad, indecisión, tristeza, desesperanza, dificultades de concentración, angustia y alteraciones del sueño y del apetito.

Estos síntomas aparecen con una intensidad variable, agravándose y aliviándose periódicamente, en relación con circunstancias exteriores y tomando un curso crónico.

También es frecuente que entre las personas que padecen una personalidad histérica se añadan otros trastornos histéricos, como la neurosis histérica o la psicosis histérica, incluidas últimamente dentro de los llamados trastornos disociativos.

Estos trastornos disociativos consisten en una división de la propia identidad, de la identidad del «yo». Se suelen manifestar en forma de despersonalización, es decir, en la experiencia de sentirse extraño, como si uno fuese espectador de sí mismo, notando extraño su propio cuerpo o su propia forma de actuar. A veces se puede llegar a establecer una doble personalidad o incluso una personalidad múltiple, como si fuesen varias personalidades, con toda su estructura distinta, las que conviven en esa persona[58]. Con frecuencia estos fenómenos se acompañan de períodos en los que no se recuerda nada de lo ocurrido (amnesia psicógena) o de fugas por las se realizan viajes inesperados e injustificados de un modo casi automático (fugas psicógenas).

La neurosis histérica, también llamada neurosis de conversión, consiste esencialmente en el traslado

---

[58] Véase el capítulo correspondiente a la doble personalidad.

inconsciente del conflicto psíquico al ámbito corporal o somático. Así, por ejemplo, como consecuencia de un conflicto en el terreno afectivo, una persona puede sufrir una parálisis, ceguera, afonía, sordera, etcétera, que no se corresponde con ninguna causa orgánica.

La psicosis histérica, también conocida como psicosis psicógena, consiste en la aparición de ideas delirantes (irreales, absurdas e ilógicas), alucinaciones y graves alteraciones del comportamiento, como consecuencia de un acontecimiento que supone una gran carga afectiva. Los síntomas son muy llamativos y suelen ser de aparición brusca, si bien su duración generalmente es reducida. Los americanos denominan a este trastorno psicosis reactiva breve.

Las psicosis histéricas eran más frecuentes hace años que en la actualidad. Muchos casos de presuntas posesiones diabólicas, endemoniamientos, o de fenómenos con apariencia de paranormales, son, en realidad, psicosis de este tipo.

PRINCIPALES CARACTERÍSTICAS
DE LA PERSONALIDAD HISTÉRICA

— Tendencia a la teatralidad y al dramatismo.
— Exagerada necesidad de estimación ajena.
— Tendencia a llamar la atención.
— Egocentrismo.
— Hipersensibilidad emocional.
— Predominio de lo afectivo sobre lo racional.
— Tendencia a enfrascarse en fantasías.
— Sugestionabilidad.
— Excesiva dependencia de la opinión de los demás.
— Escaso autocontrol emocional.
— Tendencia a manipular a los demás y al chantaje afectivo.
— Inestabilidad emocional.

La personalidad obsesiva. La personalidad predepresiva

El trastorno obsesivo o compulsivo de la personalidad es bastante común, especialmente entre los hombres. Presentándose con más frecuencia en determinadas familias.

Estas personas suelen ser demasiado perfeccionistas y meticulosas, perdiendo mucho tiempo en detalles sin importancia, y sintiéndose mal si no dejan perfectamente concluida una tarea, a pesar de saber que estos cuidados son innecesarios.

Generalmente son ordenados, necesitando tener «todo en su sitio», ya que si no es así se sienten ellos mismos intranquilos, como «desordenados por dentro». Por esto, es común que estas personas vayan por la casa ordenando los objetos, colocando bien los cuadros, etc., soportando mal que algún objeto esté fuera de la posición y lugar «que le corresponde». Paradójicamente, a veces tienen sus cosas en completo desorden, debido a que aún no han podido ordenarlas todas de un modo exhaustivo, ya que para lograrlo necesitan cantidades sorprendentes de tiempo.

Son muy dados a elaborar listas y proyectos de todo tipo, en un afán exagerado de planificación y organización, hasta el punto de perder en actividades innecesarias de este tipo una gran parte de su tiempo.

Esta exagerada necesidad de planificación guarda relación con su inseguridad de fondo. Intentan prever el futuro todo lo posible, con mucha antelación, para así evitar posibles problemas o imprevistos, ya que suelen tener grandes dificultades para adaptarse a éstos y para la improvisación. No suelen soportar que alguien intente introducir modificaciones en los planes que han trazado de antemano, a pesar de que íntimamente consideren que estos cambios podrían ser acertados.

Suelen ser muy cumplidores y puntuales, prefiriendo llegar a los sitios con suficiente antelación, de tal modo que, a pesar de posibles inconvenientes imprevistos, no hagan esperar a la persona con la que han concertado una cita. En general, suelen estar sobreadaptados a las normas y a los convencionalismos sociales, que respetan profundamente, convencidos de que es lo más correcto, y atemorizados por lo que los demás podrían decir de ellos caso de no comportarse así.

Por este motivo, evitan a toda costa posibles salidas de tono, cuidando mucho de su aseo, peinado, vestuario, etc., que suele ser discreto, extremadamente clásico y convencional. Su comportamiento con las personas de poca confianza (que son la inmensa mayoría) suele ser serio, educado, correcto, respetuoso y con abundantes formalismos. Si alguien que les acompaña incurre en alguna pequeña falta en este sentido, se sienten profundamente mal, pasando una gran «vergüenza ajena», como si ellos se sintiesen un poco responsables de lo sucedido.

Tienen un exagerado sentido de la responsabilidad, agobiándoles por ese motivo las tareas importantes que se les encomiendan, ya que, además, suelen tender a culpabilizarse más de lo que les corresponde y a tener dificultades para tomar decisiones, por un miedo exagerado a equivocarse. También les resulta difícil delegar tareas o atribuciones en los otros. Temen que no sepan realizarlas adecuadamente e insisten en que las lleven a cabo siguiendo su misma sistemática.

Esto les lleva a terminar prefiriendo hacer todo ellos personalmente, o a supervisar minuciosamente las tareas que encargan a los otros, lo que les lleva a veces casi tanto tiempo como si las hubiesen realizado ellos mismos.

Son personas que pueden padecer una depresión como consecuencia de un ascenso profesional que implique una mayor responsabilidad. Generalmente son buenos «segundos», que cumplen de un modo leal y minucioso las tareas que otros les encomiendan, pero suelen tener poca capacidad de iniciativa y resolución como para poder ser líderes.

Suelen ser, por esto, buenos trabajadores, tanto más si tenemos en cuenta que tienen una gran, excesiva, devoción al trabajo y a la productividad. Se suelen sentir mal si dejan una tarea a medias, o simplemente pospuesta para mañana. Esto les suele crear desasosiego e intranquilidad, por lo que casi siempre prefieren aumentar el horario de trabajo.

Además, son incapaces de cometer engaños, fraudes o pequeños delitos. Son grandes hombres de confianza, con un escrupuloso, incluso exagerado, sentido de lo ético, de valores sociales, legales y morales. Si tienen creencias religiosas, suelen tener frecuentes escrúpulos religiosos y dificultades con la confesión, ya que piensan, injustificadamente, que no hicieron ésta correctamente.

Son personas de pocos amigos y con poco interés por las relaciones sociales. No les suelen gustar las diversiones comunes y son muy austeros en sus gastos y forma de vida. Sus planteamientos se caracterizan por su rectitud, inflexibilidad e intolerancia.

Su trato suele ser distante, poco afectuoso, severo, convencional, formal, excesivamente rígido, si bien en el fondo suelen ser extraordinariamente sensibles para cuestiones de tipo afectivo con personas cuya relación tengan en cierta consideración. Les resulta difícil mostrarse cariñosos y afectuosos, incluso con su cónyuge o sus hijos, a pesar de que suelen quererles mucho y estar entregados a la responsabilidad de padres. Suelen ser muy exigentes consigo mismos y con los suyos en materia de responsabilidades, aunque con tendencia a la sobreprotección de los hijos.

Les cuesta mucho tirar objetos fuera de uso o inútiles, por lo que tienden a acumular grandes cantidades de objetos absolutamente inservibles y sin valor de ningún tipo.

Evitan todo lo posible los gastos extraordinarios. Suelen ser poco generosos en sus regalos o con el dinero en general, salvo que piensen obtener de este modo alguna ganancia personal. Suelen ser ahorradores y previsores, en un intento de asegurarse lo más posible su futuro, pero siempre dentro de un clima más bien pesimista. Piensan en negativo, son los que siempre «ponen peros», encuentran fallos, dificultades inesperadas, aunque éstas sean abolutamente improbables.

Esto se relaciona con su enorme dificultad para tomar decisiones. Con un pensamiento exageradamente analítico, tienden a darle excesivas vueltas a las cosas, buscando todos los pros y los contras de una decisión, hasta los más minuciosos e insignificantes, con lo que llega un momento en que se confunden más, aumentando su inseguridad, con lo que son incapaces de decidirse. Si lo hacen, inmediatamente después ya piensan que han equivocado su elección.

Es frecuente que este trastorno de personalidad se presente muchas veces con un patrón familiar. Puede ser que exista una herencia temperamental, aunque esto aún no ha podido ser demostrado.

En muchos casos la explicación se puede encontrar en la forma de tratar y educar a los hijos, propias de este trastorno de personalidad. El padre ve peligros por todas partes, con lo que advierte de ellos a su hijo, sobreprotegiéndole, prohibiéndole situaciones que no implican demasiados riesgos y decidiendo por él en cosas poco importantes. De este modo se evita que el hijo vaya aprendiendo a asumir riesgos y a tomar decisiones paulatinamente, con lo cual llega a adulto con un exagerado temor de todo lo imprevisto, con inseguridad e indecisión, ya que otros decidían por él y le decían continuamente lo que debía o no hacer, con lo que ha incorporado rasgos esenciales de la personalidad obsesiva.

Por otra parte, el padre suele mostrarse demasiado exigente y severo con el hijo. Este último intenta hacer todo lo mejor posible para obtener el cariño y la gratificación del padre, pero nunca lo consigue, ya que éste, por su forma de ser, rara vez le da muestras expresivas, táctiles, de cariño y afecto. Casi no le besa, abraza, etc. Incluso cuando viene con unas buenas calificaciones le responde con frases como «ésta es tu obligación».

El niño, debido a su edad, interpreta en estos casos que su padre no le quiere, a pesar de que esto

PRINCIPALES CARACTERÍSTICAS DE LA PERSONALIDAD OBSESIVA
— Meticulosidad. — Perfeccionismo. — Escrupulosidad. — Descuido de lo fundamental por lo accesorio. — Excesivo afán por el orden. — Tendencia excesiva a la planificación y previsión. — Pesimismo. — Dificultad para adaptarse a situaciones nuevas. — Hiperadaptación social. — Tendencia a la autoacusación. — Hiperresponsabilidad. — Dificultad para delegar responsabilidades. — Estilo de vida austero. — Tendencia a la hipercrítica. — Severidad. Intolerancia. Inflexibilidad. — Alto nivel de exigencia. — Tendencia a pensamientos y análisis exhaustivos. — Inseguridad. Indecisión. — Trato correcto, pero frío y distante.

carezca totalmente de fundamento, y se esfuerza en intentar hacer todo mejor para ver si entonces es capaz de obtener el cariño y aprobación paternas. Se vuelve a su vez estudioso, formal, meticuloso, ordenado, perfeccionista, hiperresponsable, etc. En parte, también, por copiar el modelo de personalidad paterno.

A pesar de sus esfuerzos, el niño comprueba cómo no logra una aprobación y manifestación afectiva amplia del padre, convirtiendo progresivamente su personalidad en obsesiva. Además, este proceso actúa también a niveles más profundos de la personalidad, aumentando su inseguridad y baja autoestima. De este modo, el trastorno puede ir transmitiéndose de padres a hijos durante generaciones.

Algunos, a partir de Tellenbach[59], han considerado la personalidad obsesiva como la más favorable para desarrollar una depresión. Se trataría, según ellos, de la personalidad predepresiva. El pesimismo, la dificultad de adaptación a los cambios y situaciones imprevistas, la falta de diversiones y «válvulas de escape», su hipersensibilidad afectiva selectiva, la tensión que supone para estas personas cualquier responsabilidad y la inseguridad que opera en el trasfondo de su personalidad, etc., hacen que padezcan con más facilidad un cuadro depresivo, particularmente depresiones monopolares y neurosis depresivas. No obstante, se ha comprobado que otros tipos de depresiones, como las bipolares, guardan más relación con otros modelos de personalidad[60].

Con mucha frecuencia, este tipo de personalidad puede terminar en una neurosis obsesiva-compulsiva.

---

59 H. TELLENBACH, *La Melancolía,* Morata, Madrid, 1976.

60 Véase en J. DE LAS HERAS, «La personalidad predepresiva», en *No te rindas ante la depresión* (varios autores), Rialp, Madrid, 1989.

Ésta se caracteriza fundamentalmente por la presencia de ansiedad, junto con obsesiones y compulsiones.

La obsesiones consisten en ideas, pensamientos, imágenes, etc., extrañas y absurdas, que acuden involuntariamente y con perseverancia a la mente de estas personas, sin que puedan librarse de ellas. Es algo parecido a un fenómeno muy común que le ha sucedido a casi todo el mundo en alguna ocasión, a esa canción o fragmento musical que espontáneamente viene repetitivamente a la cabeza sin motivo alguno y con insistencia.

El contenido de las obsesiones suele ser desagradable, aunque a veces es indiferente. Generalmente, su contenido molesta, incluso aterroriza a la persona que las padece, como la idea de poseer una enfermedad incurable, de presentir una desgracia, de dañar impulsivamente a un ser querido, de suicidarse, pensamientos aberrantes en el terreno sexual o religioso, etc. Los contenidos que pueden tener son extraordinariamente variados.

La aparición de las obsesiones, produce en estas personas una mezcla de miedo y desprecio hacia sí mismas que en ningún caso está justificado, ya que este tipo de contenidos no significa que ellos puedan llegar a realizarlos, sino más bien todo lo contrario, ya que son ideas ajenas, contrarias al «yo», que están fuera de su intencionalidad y voluntad. En otros casos las obsesiones tienen un contenido menos dramático, pero siempre torturan en mayor o menor medida a quien las padece.

Las compulsiones son conductas repetitivas e intencionadas, que se utilizan como solución para deshacerse de las obsesiones. Suelen tener un carácter absurdo y mágico, que es perfectamente reconocido por el que las padece, a pesar de lo cual le resulta muy difícil de dejar de realizarlas. Por ejemplo, ante la presencia de ideas obsesivas obscenas, éstas se intentan eliminar mediante una compulsión que consiste en toda una serie de movimientos rituales y específicos.

En otros casos, su carácter no es tan absurdo, pero es notablemente exagerado. Pongamos un ejemplo muy corriente en las neurosis obsesivas: una persona con la obsesión de que se contamina con cualquier objeto que toca, recurre a la compulsión de lavarse las manos inmediatamente después, lo que le puede llevar a lavarse las manos cien, doscientas o mil veces diarias.

CLASIFICACIÓN DE LAS OBSESIONES SEGÚN SU CONTENIDO

A. **De contenido fóbico**

a.1. De contenido interior

a.1.1. Temor a perder el control de los impulsos
- A la autoagresión o suicidio
- A la heteroagresión
- A la destrucción de objetos
- Sexuales
- Delictivos
- Otros impulsos

a.1.2. Temor al descuido
- Temor a catástrofes o accidentes caseros
- Temor a olvidar o descuidar responsabilidades profesionales
- Temor a olvidar cuidados personales (médicos o higiénicos)
- Temor a descuidar detalles que puedan ponerles en ridículo ante los demás
- Temor a provocar en los otros impulsos eróticos
- Otros temores en relación con responsabilidades propias

a.1.3. Temor a la muerte y enfermedades (no contagiosas)
- — Temor a una muerte inminente
- — Temor a poseer un cáncer
- — Temor a poseer una enfermedad de transmisión sexual
- — Temor a padecer una disfunción sexual
- — Temor a intoxicaciones
- — Otros

a.1.4. Temor a cambios profundos de la propia identidad
- — Temor a la locura
- — Temor a la homosexualidad

a.1.5. Temor al embarazo

a.1.6. Temor a haber cometido (en el pasado) algún perjuicio o irresponsabilidad (no constatado)
- — Temor a haber producido lesión o muerte de otras personas
- — Temor a no haber satisfecho pagos o deudas
- — Temor a haber infringido normas legales
- — Temor a haber cometido fallos profesionales
- — Temor a haber provocado un embarazo

a.1.7. Otros temores de contenido interior

a.2. De contenido exterior

a.2.1. Temor a catástrofes o desgracias (ajenas a su propia responsabilidad)
- — Temor a que otros sufran un accidente
- — Temor a que otros enfermen
- — Temor a la muerte de otras personas
- — Temor a que otros sean objeto de delito
- — Temor a que otros cometan imprudencias
- — Temor a catástrofes geográficas
- — Otros temores

a.2.2. Temor a la contaminación (no al contagio)
- Temor a la contaminación por contacto humano
- Temor a la contaminación por contacto animal
- Temor a la contaminación por sustancias vegetales
- Temor a la contaminación por sustancias inorgánicas
- Otros temores

a.2.3. Temor a contagiarse de enfermedades
- Temor al contacto venéreo
- Temor al SIDA
- Temor a contagiarse de otras enfermedades infecto-contagiosas
- Temor a contagiarse de enfermedades no infecto-contagiosas (orgánicas o psíquicas)

a.2.4. Otros temores de contenido exterior

B. **De contenido profundamente desagradable y perturbador**

b.1. De contenido religioso

b.1.1. En relación con Dios, la Virgen o los Santos
- Palabras o frases blasfemas
- Ideas o pensamientos obscenos o irreverentes
- Ideas o pensamientos desafiantes
- Imágenes obscenas o irreverentes
- Otras

b.1.2. En relación con lo satánico
- Palabras o frases de alabanza satánica
- Invocaciones satánicas
- Imágenes de contenido sexual satánico
- Otras

b.1.3. En relación con la liturgia y sacramentos
- Palabras o frases blasfemas

— Ideas escrupulosas en relación con la confesión y comunión
— Ideas y pensamientos obscenos o irreverentes
— Imágenes obscenas o irreverentes
— Otras

b.1.4. En relación con la doctrina religiosa
— Ideas escrupulosas en relación con el consentimiento pecaminoso
— Ideas en relación con la tentación al pecado
— Imágenes de contenido pecaminoso
— Otras

b.2. De contenido moral

b.2.1. En relación con personas concretas o grupos sociales
— Ideas o frases de contenido agresivo
— Ideas o frases de contenido despectivo
— Ideas o frases que implican deseos de perjuicio de otros
— Ideas de satisfacción por el mal ajeno
— Ideas de culpa moral injustificadas
— Otras

b.2.2. En relación con la sociedad en general
— Ideas que implican deseos destructivos
— Ideas que implican deseo de injusticia
— Ideas de culpa moral injustificadas
— Otras

b.3. De contenido sexual

b.3.1. De contenido sexual normal
— Ideas o pensamientos eróticos no deseados
— Imágenes eróticas no deseadas
— Frases o palabras eróticas no deseadas
— Otras

b.3.2. De contenido parafílico
- De contenido incestuoso
- De contenido pedofílico o paidofílico
- De contenido travestista
- De contenido sádico o masoquista
- De contenido relacionado con la agresión sexual
- De contenido zoofílico
- De otros contenidos parafílicos

b.3.3. De contenido homosexual
- Ideas o imágenes eróticas de contenido homosexual
- Ideación de sospecha de ser homosexual
- Otras de contenido homosexual

b.4. De otros contenidos desagradables y perturbadores

C. **De contenido indiferente**

c.1. De contenido numérico o aritmético
c.2. De contenido geométrico
c.3. De contenido cromático
c.4. De contenido alfabético o lingüístico
c.5. De contenido musical
c.6. De contenido simétrico
c.7. De contenido constituido por personas
c.8. De contenido constituido por objetos o animales
c.9. De otros contenidos

La personalidad inestable o ciclotímica

Este trastorno de la personalidad se caracteriza esencialmente por la inestabilidad del estado de ánimo. Son personas que pasan, con extraordinaria facilidad, de sentirse alegres y contentas, al abatimiento y al desánimo. El término ciclotímico se refiere precisamente a estas oscilaciones, de aparición cíclica, en el terreno de lo timérico; es decir, en el campo de lo emocional y sentimental, de lo afectivo.

Estas personas pasan de estar muy alegres, activas, simpáticas, cariñosas, ilusionadas y optimistas, con alta autoestima, a sentirse abatidas, tristes, desgraciadas, desilusionadas, irritables, hipersensibles, descorazonadas, inútiles y fracasadas.

Estos cambios suceden de un modo brusco y se experimentan en períodos de tiempo muy recortados, de horas o, a lo sumo, de poco más de un día, motivados por pequeños acontecimientos de la vida diaria, incluso, en algunos casos, sin que exista ninguna causa que aparentemente los justifique.

Lógicamente, estas bruscas modificaciones desconciertan a las personas con las que mantienen un trato más íntimo y cotidiano, que no saben cómo comportarse con ellas, ya que da la impresión de que cualquier pequeño comentario puede desatar una crisis.

Este trastorno de la personalidad parece tener un marcado carácter constitucional y hereditario, predisponiendo a quien lo posee al padecimiento de depresiones bipolares, también llamadas psicosis maníaco-depresivas[61].

Este tipo de depresiones se caracteriza precisamente por la alternancia de fases de depresión con fases de manía o euforia patológica. Estas fases son de una duración relativamente prolongada, al menos de unas semanas y generalmente de bastantes meses, si no se hace un tratamiento adecuado.

---

[61] Ya en 1954 se verificó no solamente una elevada presencia de personalidades ciclotímicas en los pacientes con depresión bipolar, sino también entre sus familiares (véase F. KALLMANN, «Genetic principies in manic-depressive psychosis», en *Depression: Proceeding of the American Psychopatological Association*, J. Zubin & P. Hoch eds., Grune & Stratton, Nueva York, 1954.

Durante las fases de depresión aparecen los síntomas típicos, como agotamiento, tristeza, desinterés, falta de ilusiones, pesimismo, alteraciones del sueño y apetito, dificultades de concentración y asociación de ideas, disminución de la creatividad, inseguridad, disminución de la autoestima, indecisión, tendencia a evitar las relaciones sociales, incapacidad para desarrollar las actividades habituales y deseos de muerte.

Cuando termina la fase depresiva, se puede pasar a un período de mejoría en el que estas personas se encuentran normales, o bien pasar a una fase de manía o euforia. A veces, se pasa bruscamente de la depresión a la euforia. En otras ocasiones alternan varias fases seguidas de euforia o bien de depresión.

La manía o euforia patológica está constituida por síntomas, en cierto modo, contrarios a los de las fases depresivas. El estado de ánimo se encuentra anormalmente elevado, en una euforia anormal. Aumenta, de un modo injustificado y desproporcionado, la propia autoestima y seguridad, apareciendo ideas relacionadas con el sentimiento de aumento de las propias capacidades. Estas personas se vuelven excesivamente imaginativas y comunicativas, expresando multitud de ideas nuevas, algunas demasiado arriesgadas o poco realistas. Su comportamiento se torna desinhibido, indiscreto, incluso descarado, afectándose también en muchas ocasiones la esfera de lo sexual.

Están muy activas a cualquier hora, a pesar de no dormir más que un escaso número de horas; si bien, su rendimiento se suele ver afectado generalmente por su tendencia a pasar con rapidez de una actividad a otra, sin acabar eficazmente casi ninguna. Suelen hacer inversiones o gastos absurdos, o, en cualquier caso, superiores y desproporcionados con su conducta habitual, de las que se arrepienten una vez pasa esta fase eufórica.

PRINCIPALES CARACTERÍSTICAS DE LA PERSONALIDAD CICLOTÍMICA
— Inestabilidad emocional. — Bruscos cambios de criterio. — Grandes y súbitas oscilaciones en la autoestima. — Labilidad emocional. — Comportamiento imprevisible.

La personalidad narcisista

El trastorno narcisista de la personalidad se caracteriza fundamentalmente por un estar completamente volcado sobre uno mismo, con una actitud en la que destaca la autoimportancia, el culto a uno mismo. Se trata de personas con grandes deseos de originalidad, que viven pendientes de mantener y ofrecer a los demás una imagen irreal e idealizada de sí mismos con el fin de fascinarles y obtener su admiración. Todo lo que a ellos se refiere escapa de la vulgaridad, y hasta cuando hablan de sus problemas pretenden que éstos son «especiales». Es una continua necesidad de sorprenderles para lograr fascinarles.

Cuando están solos, se evaden a un mundo de fantasía en el que todo son triunfos, éxitos y gloria, viviendo plenamente a través de la imaginación estas situaciones, como un modo compensatorio de llevar a cabo los deseos que la vida real no es capaz de satisfacerles.

Suelen ser personas con una gran tendencia a compararse con los demás y muy envidiosas. Les molestan los triunfos ajenos como si éstos desluciesen su imagen, dificultando el poder ejercer su fascinación sobre los otros.

Exageran ante los demás los logros y honores que han obtenido en los diversos campos, intentando de este modo rodearse de un halo de genialidad que despierte la admiración de quienes les rodean. Esto es muy característico, ya que necesitan ser constantemente admirados, para de este modo reafirmar la imagen idealizada que tienen sobre sí mismos. Por esto, están siempre muy pendientes de las apariencias, de su imagen, de la impresión que causan en los otros y de las opiniones que los demás emiten sobre ellos.

Si alguna vez se produce una crítica peyorativa o se hace manifiesto algún fracaso personal, intentan justificarlo mediante mentiras o complicadas racionalizaciones, quedando, pese a ello, profundamente afectados, ya que entonces ven amenazada su autoestima.

Este tipo de situaciones les produce rabia, vergüenza o humillación, poniendo de manifiesto un oculto sentimiento de inferioridad. Otros, por el contrario, reaccionan antes las críticas de los demás con una aparente frialdad e indiferencia. Sin embargo, bajo esa falsa superioridad se vislumbra una exagerada dependencia de los juicios ajenos.

Los narcisistas están tan pendientes de sí mismos que apenas se pueden dar cuenta de los intereses y deseos de los demás, de sus preocupaciones o necesidades, de prácticamente nada de lo que les ocurre a los otros, con los que son incapaces de establecer una comunicación recíproca, franca y sincera.

Paradójicamente, los narcisistas sí que esperan favores especiales de los demás, como si fuese algo que mereciesen porque sí, por tratarse de ellos, y a pesar de que ellos no asuman ni hayan nunca asumido, a su vez, obligaciones recíprocas.

Su indiferencia y despreocupación por lo que sienten los demás contrasta plenamente con el interés que demuestran por todo lo suyo, limitándose en muchos casos a explotar a los demás para así lograr sus deseos y caprichos, a la vez que desprecian los intereses de éstos y sus derechos.

La comunicación afectiva con ellos adolece de superficialidad e irrealidad, como si se interpusiera una distancia insalvable que corresponde a su marcada falta de naturalidad, espontaneidad y sinceridad. Son incapaces de establecer unos lazos afectivos francos y sencillos.

Esta incapacidad para mostrarse tal cual son, se debe principalmente a un profundo miedo a perder la fascinación que creen ejercer sobre su pareja, con lo que generalmente ocultan sus propios sentimientos, ya que piensan que en caso de quedar éstos al descubierto se vería dañada su imagen, perdiendo la admiración de los otros.

Por tanto, se comportan y dicen sentir exclusivamente aquello que creen que puede reforzar la imagen artificial y ficticia que ofrecen sobre sí mismos o impresionar a quienes les escuchan.

Por otro lado, les resulta muy difícil establecer una relación afectiva estable. Sus juicios de valor sobre las personas con las que establecen una relación íntima oscilan entre la idealización y la devaluación.

Generalmente se comienza con una exagerada idealización de la persona amada, que da paso a una intensa e injustificada devaluación. Este paso suele ser brusco, quedando defraudados por motivos insignificantes. Es como si de repente surgiese un sinfín de defectos que hasta ese momento habían permanecido ocultos, a la par que las virtudes dejan de ser tales.

Se suele optar entonces por la ruptura, aunque en otros casos continúan alternándose sucesivamente estas fases de idealización y devaluación por tiempo indeterminado o hasta que la otra persona toma una resolución.

Su egocentrismo se traduce, muchas veces, en comportamientos donjuanescos, en los que la conquista de otra persona cumple esencialmente la función de servir para reafirmar la imagen idealizada de sí mismos. Enamorar a los demás implica para ellos la confirmación de su alto valor, como consecuencia del cual los otros le admiran y enamoran. Por eso, cuantas más personas se conquiste, más razones habrá para aumentar esa autoestima. Cuanto más difícil sea una persona de conquistar, mayor interés tiene para ellos el lograrlo, ya que reafirmará más la idea de su propio valor.

No existe una intención de amor, es decir, de dar y compartir afecto con el otro, sino que, incapaces de poder dar y recibir auténtico afecto, se limitan a manipular la relación con la única finalidad de acrecentar o sostener su propia autoestima.

El trastorno narcisista de la personalidad también se asocia frecuentemente con desviaciones sexuales o parafilias. Éstas surgen en el narcisista como resultado de este mismo problema: se humilla a la pareja para demostrase a sí mismos (y tal vez a los demás posteriormente) el cariño y admiración del que pueden ser objeto. Se recurre, entonces, con cierta frecuencia a comportamientos sexuales sádicos con la pareja, a la que pueden someter a todo tipo de vejaciones, aludiendo incluso a que si no aceptan es porque no les quieren suficientemente, lo cual no supone más que una manipulación de sus sentimientos en pro de su afán patológico de autoafirmación.

Tras haber obtenido este resultado, pueden despreciar paradójicamente a esta persona, que pierde súbitamente su valor, pudiendo pasar rápidamente de la idealización hasta el mayor desprecio hacia la persona con la que hasta ese momento venían manteniendo relaciones sexuales. Buscan de nuevo una pareja con la que reanudar una relación patológica en este sentido y a la cual, en muchos casos, acabarán destruyendo psicológicamente.

El narcisismo se asocia con mucha frecuencia con el trastorno histriónico o histérico de la personalidad[62]. En estos casos aparecen síntomas propios de ambos trastornos. También son frecuentes entre los narcisistas las depresiones y, en menor medida, las psicosis reactivas breves[63].

PRINCIPALES CARACTERÍSTICAS DE LA PERSONALIDAD NARCISISTA
— Egocentrismo. — Autoimportancia y autoidealización. — Necesidad de admiración. — Necesidad de originalidad. — Afán de fascinación. — Inestabilidad emocional. — Incapacidad afectiva. — Falta de naturalidad y espontaneidad. — Exagerada tendencia a la fantasía. — Despreocupación por los intereses de los demás. — Alteraciones de la psicosexualidad.

La personalidad antisocial

El trastorno antisocial de la personalidad se caracteriza fundamentalmente por la agresividad, la tendencia a comportamientos impulsivos o explosivos y por difi-

---

[62] Véase el capítulo correspondiente a la personalidad histriónica o histérica.

[63] La psicosis reactiva breve se caracteriza esencialmente por la presencia brusca de alucinaciones, ideas delirantes, confusión e incoherencia, durante períodos breves de tiempo (horas, algunos días, siempre menos de un mes), tras lo cual se produce una completa remisión de la sintomatología.

cultades de adaptación e integración social que se traducen en conductas antisociales.

Lo habitual es que estas personas hayan presentado ya ciertas características específicas durante su infancia. Han sido niños rebeldes, crueles, mentirosos, vagos, propensos a las riñas y peleas, a la delincuencia juvenil, al gamberrismo y al consumo de alcohol y drogas. Cuando se integran dentro de grupos de jóvenes, éstos son marginales, sub o contraculturales. La práctica totalidad de sus miembros suelen tener a su vez una personalidad antisocial, con lo que desarrollan en grupo estas conductas delictivas y antisociales.

Son muy frecuentes las disputas y problemas escolares, tanto referidos a los compañeros como a los profesores, y su intolerancia a la disciplina del centro académico, ya que son incapaces de asumir y respetar las normas de la escuela. No estudian y a menudo faltan a clase, por lo que cambian frecuentemente de colegio y su nivel educativo suele ser deficiente, a pesar de que en la gran mayoría de los casos su inteligencia no es inferior a la normal.

Es un trastorno de personalidad que se da con más frecuencia entre los varones, especialmente si viven en un ambiente familiar inestable o marginal, en el que se les presta poca atención, vigilancia o cariño, se hace demasiada vida de calle, o reciben malos tratos por parte de los padres. Por el contrario, se trata también de una alteración común en niños sobreprotegidos y mimados de familias en donde viven logrando inmediatamente cualquier capricho, siendo educados con una excesiva liberalidad y tolerancia, casi sin ningún tipo de disciplina.

Se ha podido comprobar que es más fácil que desarrollen esta anomalía los niños que han perdido a uno o ambos padres durante la infancia, los hijos de divorciados, de alcohólicos y de padres que se llevan mal, que discrepan en sus planteamientos educativos o que, a su vez, tienen un trastorno similar de la personalidad.

Las familias o ambientes en los que existe un clima de falta de disciplina personal, de interés por el juego, en los que se valora más lo obtenido sin esfuerzo, el engaño en provecho propio, los comportamientos aprovechados, la picaresca infantil, etc., también facilitan que el niño vaya desarrollando una personalidad antisocial.

Con el paso de los años se añade una incapacidad para mantener un rendimiento laboral aceptable, por absentismo laboral excesivo e injustificado y dificultad de adaptación a las obligaciones, normas y responsabilidades propias de cualquier puesto de trabajo. Como consecuencia, les despiden o abandonan ellos mismos el empleo, aunque necesiten los ingresos que les proporciona y no tengan otra oferta mejor. Estos cambios laborales alternan con períodos prolongados o definitivos en los que no se realiza ninguna actividad.

Tampoco son capaces de abordar adecuadamente otras responsabilidades propias de la edad adulta, como la paternidad, tanto en el aspecto económico como en el aspecto dietético, higiénico o sanitario. Son personas impulsivas e imprudentes, más que por desprecio de riesgo, por no tener plena conciencia del mismo.

Pueden gastarse en caprichos personales o en el juego dinero imprescindible para la subsistencia elemental de la familia. En general, tienen una marcada tendencia a contraer deudas que después no satisfacen y a no asumir sus obligaciones financieras. El alcoholismo o la drogadicción pueden tomar un curso crónico, y con facilidad caen en el tráfico de drogas.

Su carácter impulsivo y agresivo les conduce a numerosas disputas y peleas, tanto con personas desconocidas como con sus familiares y seres más próximos.

Esta agresividad se puede dirigir a veces hacia sí mismos, conduciéndoles a realizar actos autolesivos violentos de forma impulsiva, aunque éstos no suelen ser tan graves como para causarles la muerte.

En el plano afectivo, estas personas no están capacitadas para dar y recibir cariño, por lo que no consiguen, ni intentan, mantener durante un mínimo de tiempo relaciones íntimas, cálidas y responsables. Si se casan, al cabo de poco tiempo suele producirse el divorcio o la separación. Curiosamente, no es raro que su pareja tenga a su vez un trastorno antisocial de la personalidad o una personalidad histérica.

PRINCIPALES CARACTERÍSTICAS DE LA PERSONALIDAD ANTISOCIAL

— Carácter irritable, agresivo y explosivo.
— Ausencia de adecuada planificación en asuntos importantes.
— Dificultades en el autocontrol de los impulsos.
— Dificultad para dar y recibir afecto.
— Ausencia de sentimientos de culpa o remordimiento.
— Egoísmo. Despreocupación desinterés por los demás.
— Inestabilidad laboral y afectiva.
— Dificultades de adaptación e integración social.
— Desprecio por las normas sociales comúnmente admitidas.
— Conductas delictivas y antisociales.
— Consumo de alcohol y drogas.
— Tráfico de drogas.
— Incapacidad para asumir obligaciones y responsabilidades.
— Conductas imprudentes y de riesgo.
— Desprecio de la verdad. Mentiras y engaños en provecho personal.
— Promiscuidad sexual. Prostitución.
— Homosexualidad. Bisexualidad. Desviaciones sexuales.
— Delitos sexuales.

La mayoría de estas personas han tenido sus primeras relaciones sexuales a edades muy precoces, estando su psicosexualidad generalmente alterada. Abundan entre ellos las conductas sexuales promiscuas, la prostitución y la homosexualidad o bisexualidad. También son más comunes entre ellos el estupro, el incesto y las desviaciones sexuales, particularmente el sadismo sexual y los delitos sexuales que implican agresividad, como, por ejemplo, la violación.

La personalidad pasiva-agresiva

El trastorno pasivo-agresivo de la personalidad se caracteriza por una actitud pasiva, particularmente en lo que se refiere a las obligaciones esenciales que cualquier persona tiene que asumir en la vida.

El término agresivo hace referencia a la agresión encubierta que subyace generalmente en estas personas y que expresan indirectamente a través de su resistencia a colaborar o cumplir un papel dentro de su familia o de la sociedad. No obstante, no se suele evidenciar abiertamente esta conexión entre su pasividad y un hipotético resentimiento hacia determinadas personas o hacia la sociedad en general.

Son personas apáticas, que dan la impresión de que nada les interesa. Cuando sus padres o los responsables en el trabajo les exigen que hagan la tarea que les han encomendado, o simplemente que cumplan unas labores elementales, suelen reaccionar con irritabilidad, para continuar en la misma actitud que antes.

Son lentos, torpes, ineficaces. Pierden el tiempo, a veces deliberadamente, con el fin de irritar a los demás o bien de evitar que se les vuelva a encomendar esa tarea. Si se les recrimina, se asombran y se enfadan, a veces porque piensan que hacen las cosas mucho mejor de lo que los demás dicen.

Desprecian las posturas de autoridad, aunque éstas sean completamente razonables. Critican a los que les exigen o amonestan, entre burlas abiertas o a su espalda en muchos de los casos.

Carecen de sentido de la responsabilidad. Se pueden olvidar de tareas importantes, retrasarse y hacer las cosas fuera de plazo, etc. Generalmente tienden a aplazar cualquier actividad que no les resulta grata, y si lo hacen es a costa de un gran esfuerzo.

Su falta de constancia y voluntad, unida a estos comportamientos irresponsables, hacen que tengan grandes problemas escolares y laborales, hasta el punto de no ser capaces de terminar los estudios o de mantener un puesto de trabajo.

Curiosamente, no es raro que sean conscientes de los problemas que, a costa de su actitud, pueden tener en el futuro, siendo pesimistas en lo que a éste se refiere; a pesar de lo cual y de los buenos consejos que les suelen dar las personas más allegadas, continúan con el mismo proceder.

Lo más común es que no sean capaces de mantener una independencia social y sobre todo económica, viviendo generalmente, mientras pueden, a costa de sus padres; para organizar su vida después estableciendo nuevas dependencias de otras personas o instituciones.

Su falta de actividad, su apatía y desinterés por casi todo, su progresiva inadaptación social y laboral, su profunda insatisfacción, etc., hacen que recurran con frecuencia a las drogas o al abuso del alcohol, lo cual sólo sirve para agravar las manifestaciones de este trastorno de personalidad. De hecho, muchas de estas personas terminan convirtiéndose en alcohólicas o drogadictas. También son frecuentes entre ellos las depresiones, particularmente el denominado trastorno distímico o depresión neurótica.

PRINCIPALES CARACTERÍSTICAS DE LA PERSONALIDAD PASIVA-AGRESIVA
— Desinterés y falta de estímulos. — Apatía y pasividad. — Ineficacia laboral y social, a veces intencionada. — Tendencia a aplazar cualquier tarea u obligación. — Frecuentes pérdidas de tiempo. — Irresponsabilidad. — Tozudez. — Olvido, a veces intencionado, de las tareas encomendadas. — Excesiva dependencia de otras personas. — Escasa receptividad hacia las opiniones de los demás. — Irritabilidad. — Incapacidad o negativismo para asumir obligaciones. — Resentimiento o desprecio hacia personas con más autoridad.

La personalidad dependiente

Las personas con un trastorno de la personalidad por dependencia se caracterizan, tal como su nombre indica, por una excesiva dependencia de otras personas en cuestiones fundamentales de la vida. Tienen una actitud esencialmente pasiva, dejando que sean los otros los que asuman sus responsabilidades y decidan continuamente por ellos, especialmente cuando se trata de asuntos importantes.

Esta alteración se da con más frecuencia entre las mujeres y obedece a una profunda inseguridad, a una gran falta de confianza en uno mismo, como consecuencia de una pobre valoración de las propias capacidades y de la propia valía en general.

Al considerarse inútiles, incapaces de poder decidir o resolver cualquier cuestión de mediana dificultad o importancia, prefieren que sean los demás los que actúen por ellos y los que les digan lo que tienen que hacer. Su dependencia de los otros suele llegar hasta el punto de solicitar que les digan en qué deben trabajar, qué deporte deben realizar, cómo se deben divertir o con quién se tienen que relacionar.

De este modo se establece una estrecha dependencia de ciertas personas, sin cuya ayuda les resulta imposible vivir, pasándolo mal cuando éstos se ausentan durante pequeños períodos de tiempo. Esta situación les lleva a mostrarse con aquellos de los que dependen con extraordinaria amabilidad y consideración, procurando acomodarse plenamente a todos sus deseos y caprichos; incluso en muchos casos son capaces de soportar todo tipo de abusos o humillaciones con tal de poder continuar así y no verse obligados a regir su propia vida, lo cual les parece algo totalmente imposible y aterrador.

Este trastorno de la personalidad se corresponde con las descripciones que Adler[64] hizo sobre el tipo de carácter neurótico en el cual la persona se resigna, asumiendo plenamente su sentimiento de inferioridad como algo evidente e inevitable, con lo cual se comporta como tal, mostrando permanentemente su incapacidad y con la sensación de no ser merecedor de nada.

A pesar de todo lo anterior, suelen vivir angustiados, pensando en lo que podría ser de ellos si la persona de la que dependen muere o les abandona. Lo cual, junto con su inseguridad y pobre imagen que tienen de sí mismos, facilita que estas personas puedan

---

64 A. ADLER, *El carácter neurótico*, Paidós, Buenos Aires, 1952.

padecer, además de este trastorno de su personalidad, trastornos por ansiedad y trastornos depresivos, a veces muy graves.

PRINCIPALES CARACTERÍSTICAS DE LA PERSONALIDAD DEPENDIENTE

— Excesiva dependencia de otras personas.
— Autoimagen devaluada.
— Incapacidad para asumir responsabilidades.
— Inseguridad.
— Indecisión.
— Resignación.
— Sumisión.

La personalidad desconfiada, celosa o paranoide

El trastorno paranoide de la personalidad se caracteriza principalmente por la presencia, de un modo generalizado y permanente, de una desconfianza excesiva e injustificada hacia los demás. Es más frecuente en el hombre que en la mujer.

Son personas que siempre han sido desconfiadas, mal pensadas, recelosas, que siempre piensan que los demás les están intentando engañar o perjudicar de algún modo. Por esto suelen estar alerta de todo lo que los otros dicen o hacen, interpretando, muchas veces sin motivo, que están tramando algo contra ellos.

Siempre encuentran algún motivo de sospecha, alguna señal oculta que, a su juicio, desvela los malos propósitos que los demás tienen hacia ellos. No creen en la lealtad de los otros y siempre piensan mal de los desconocidos, incluso de sus personas más allegadas.

Por eso son tan reservados, no confían en nadie. Si se dejasen conocer mejor, los otros sabrían cómo perjudicarles. Si expusiesen a los demás sus planes, éstos podrían truncarse. No suelen ser capaces de estar relajados en presencia de otras personas, sino que están siempre tensos, dentro de un mundo que se les antoja perpetuamente amenazante.

Muchos tienden por esto a la soledad. Esta falta de confianza la trasmiten a los demás, de tal modo que se crea una mutua sensación de desconfianza, generada por ellos, que sirve para reforzarles en su actitud inicial.

Su trato, su afectividad, suele ser extremadamente fría y distante, con actitudes demasiado racionales y calculadoras, de las que se suelen enorgullecer. No permiten que los demás descubran sus sentimientos y se avergonzarían profundamente si, en un momento dado, alguien pudiese verles emocionados o con comportamientos que impliquen cierta ternura.

Difícilmente son capaces de lograr lazos verdaderamente sanos, sencillos, abiertos, naturales, espontáneos y sinceros. Por el contrario, éstos suelen ser fríos, distantes, rígidos, tensos, reservados, interesados y artificiales.

Su escasa emotividad y la naturaleza de las relaciones que establecen con los demás, hacen que resulte difícil encariñarse de ellos, lo cual les sirve para confirmar su interpretación hostil del mundo exterior.

No soportan que nadie logre engañarles y se consumen si consideran que alguna persona ha podido reírse de ellos, estafarles o tomarles por tontos.

Tiene poco sentido del humor. No suelen gastar bromas a los demás y no soportan que se las gasten a ellos. Siempre las encuentran fuera de lugar y malintencionadas. Si en alguna ocasión excepcional sacan a relucir su sentido del humor, éste resulta mordaz, áspero, satírico.

Generalmente son muy críticos e intolerantes a la hora de juzgar a los demás, a los que siempre descubren fallos y malas intenciones. Sin embargo, difícilmente soportan las objeciones que se les puedan hacer a ellos, ya que las interpretan siempre como ataques directos, consecuencia de la envidia o del odio. Además, rara vez las olvidan, permaneciendo años después un sentimiento de rencor por la presunta ofensa sufrida.

Con los fuertes y superiores suelen ser precavidos y envidiosos, y muestran su desprecio por los que consideran débiles o blandos. Son demasiado ambiciosos y suelen darse a sí mismos una importancia exagerada. Son exigentes con los que dependen de ellos e intolerantes con sus defectos o errores, que los recuerdan frecuentemente, exagerando su dimensión y repercusiones.

Suelen tener un concepto demasiado práctico y funcional de las cosas. Les interesan particularmente los progresos de la técnica, todo lo que se refiera a los nuevos aparatos, lo que son capaces de hacer, su exactitud, eficacia y comodidad. Por el contrario, desprecian los aspectos estéticos, no interesándose demasiado por el arte en sí mismo, salvo con alguna intencionalidad práctica de otra índole.

En este tipo de personalidad los celos suelen ser extraordinariamente frecuentes. La desconfianza se extiende también a esta faceta en un sentido amplio. Suelen tener siempre en la cabeza la posibilidad de que su pareja les pueda engañar en todos los planos, no solamente en el afectivo o sexual, sino también en el económico, con los hijos, etc. Esta situación puede ocasionar problemas importantes en las relaciones afectivas de estas personas, ya que la confianza es un pilar clave de la convivencia, particularmente de la conyugal. La desconfianza suele conducir a un distanciamiento afectivo y, muchas veces, siendo inicialmente injustificada, termina provocando motivos que la justifican, ya que a medio o largo plazo puede incitar al otro a no decir la verdad o a la infidelidad.

Es frecuente que a este trastorno de personalidad se asocien otros, particularmente la paranoia, más conocida actualmente con el nombre de trastorno delirante paranoide. Esta alteración psíquica consiste esencialmente en la presencia de ideas delirantes, irreales, de las que se está plenamente convencido, a costa de toda una trama de detalles y de hechos minuciosamente relacionados, hasta el punto de que, aun resultando extraños y excepcionales, pueden llegar a resultar convincentes para los demás.

La temática de estas ideas delirantes puede ser muy variada. Lo más común es que se trate del convencimiento de que la pareja es infiel (trastorno delirante paranoide, tipo celotípico), pero otras veces el delirio tiene otros contenidos. Pueden creer que alguien les está persiguiendo, vigilando o perjudicando (tipo persecutorio), que alguna persona muy importante está enamorada de ellos (tipo erotomaníaco), que tienen algún defecto físico o enfermedad corporal (tipo somático) o que poseen una capacidad peculiar, mágica, paranormal (tipo grandioso).

Aunque es mucho menos frecuente, este trastorno de personalidad puede facilitar la aparición de otros

PRINCIPALES CARACTERÍSTICAS DE LA PERSONALIDAD PARANOIDE
— Desconfianza. — Suspicacia. — Frialdad y distanciamiento afectivo. — Actitud reservada. — Escaso sentido del humor. — Tendencia a la hipercrítica. — Intolerancia. — Preferencia por lo práctico.

trastornos psicopatológicos, como la esquizofrenia paranoide. En estos casos, las ideas delirantes tienen un carácter mucho más absurdo y se asocian con alucinaciones, generalmente auditivas o visuales, con pensamiento desorganizado e incoherente y con otros síntomas más graves.

La personalidad descontrolada o explosiva

Hay personas que a veces se comportan de un modo sorprendente. Se enfadan exageradamente por una nimiedad y reaccionan con una agresividad totalmente desproporcionada. Se trata de un trastorno, más frecuente entre los hombres que entre las mujeres, que en terminología psiquiátrica norteamericana se denomina «trastorno explosivo intermitente».

No se sabe bien cuál es la causa de este trastorno, aunque se ha visto que se da más dentro de ciertas familias y que puede estar relacionado con alteraciones neurológicas, a veces de tipo epiléptico. También puede estar favorecido por traumatismos craneales y procesos inflamatorios cerebrales, así como por traumatismos cerebrales durante el parto. Se ha demostrado cómo el consumo de alcohol, por su efecto desinhibidor, favorece la aparición de las crisis.

Realmente no se puede decir que se trate de un trastorno de la personalidad. Parece tratarse de una anomalía específica del control de los impulsos, que no guarda una relación intrínseca con la estructura de la personalidad. No obstante, existen personas con tendencia a comportarse de un modo explosivo en determinadas situaciones en las que no se han podido hallar alteraciones ni antecedentes de patología neurológica. La psiquiatría clásica europea ha venido considerando estas alteraciones como trastornos de la personalidad, bajo la denominación de «psicopatía explosiva»[65].

Principalmente la anomalía se manifiesta en forma de episodios aislados, crisis psicológicas, durante las cuales se produce un pérdida del control de los impulsos agresivos, que se pueden dirigir hacia cualquier persona, conocida o desconocida, o hacia objetos, propios o ajenos.

Esta especie de «ataques» pueden estar desencadenados por un motivo insignificante, especialmente por ruidos intensos e inesperados, o más excepcionalmente por otro tipo de estímulos sensoriales como destellos luminosos o luces brillantes.

En cualquier caso, la crisis se desencadena por un motivo totalmente desproporcionado con el comportamiento que manifiestan. Por otro lado, es curioso que no se trate de personas habitualmente violentas o agresivas, sino que suelen ser correctos en su trato diario, lo que hace que esta conducta resulte aún más incomprensible para los que les conocen.

Tras la crisis, son ellos mismos los primeros que se sorprenden de su comportamiento y, pasados unos minutos, generalmente se avergüenzan del mismo, el cual les ocasiona sentimientos de culpa, reproches y a veces problemas policiales o judiciales de cierta envergadura.

Todos estos conflictos hacen que terminen resignándose a una situación de franco aislamiento social, por el miedo a padecer una nueva crisis de pérdida de control de los impulsos agresivos y sus consecuencias.

---

[65] Kurt Schneider definía a los «psicópatas explosivos» del siguiente modo: «Son aquellas personas que estallan al menor pretexto, es decir, gentes excitables hacia el exterior, irritables, que fácilmente montan en cólera. Sus reacciones son primitivas en el sentido de Kretschmer. Cualquier palabra les hiere, y antes de que la personalidad haya captado y valorado exactamente su peso y significación, surge un reaccionar en la forma explosiva de la respuesta insultante o del acto de violencia» (K. SCHNEIDER, *Patopsicología clínica,* Paz Montalvo, Madrid, 1975).

Como resultado de estos episodios, se suele ocasionar un deterioro importante de sus relaciones afectivas, familiares y sociales. En pocas ocasiones se comprende que se trata de un trastorno psicopatológico, con lo que no se suele recurrir a tratamiento psiquiátrico, salvo que se llegue a complicaciones jurídicas de cierta relevancia que exijan la intervención de un perito cualificado.

PRINCIPALES CARACTERÍSTICAS DE LA PERSONALIDAD EXPLOSIVA
— Períodos recortados de explosión de cólera. — La explosión se produce sin reflexión previa de lo sucedido. — La agresividad es desproporcionada en relación con el estímulo que la provoca. — Tras la explosión aparece arrepentimiento y culpabilidad. — No existe agresividad fuera de estos períodos.

La personalidad inmadura

La personalidad inmadura se caracteriza fundamentalmente por el infantilismo, porque la edad psicológica de estas personas es notablemente inferior a su edad cronológica. En ellos continúan presentes, a pesar de estar ya en la edad adulta, rasgos y mecanismos psicológicos propios de la infancia, como si el paso del tiempo no les hubiese servido para adquirir otros nuevos, propios del desarrollo normal de la personalidad. Cuando esta discordancia de edad es suficientemente notable y toma un curso prolongado, se constituye en un trastorno de la personalidad con características y consecuencias específicas.

Son personas con un conocimiento de sí mismas equívoco, escaso o superficial, a lo que se añade una falta de coherencia en sus planteamientos, que procede, en buena medida, de la ausencia de una identidad personal suficientemente configurada y de un objetivo de vida realista y perfilado. También se caracterizan por tener una gran dificultad para admitir con naturalidad sus carencias, fallos y limitaciones, las de los demás o las propias de la vida misma. Esto favorece su tendencia a escapar de la realidad, mediante la imaginación, hacia un mundo de fantasías en donde se cumplen sus deseos insatisfechos, lo que a medio y largo plazo contribuye a distanciarlos más de objetivos vitales realistas, con lo que en última instancia quedan profundamente desorientados, sin saber que hacer ni donde ir, sin rumbo hacia donde dirigir sus vidas.

Tal como les ocurre a la mayoría de los niños, son muy impacientes, caprichosos, pretendiendo lograr sus objetivos de un modo inmediato. Difícilmente son capaces de soportar dificultades a corto plazo por obtener beneficios más tarde, por lo que suelen actuar de un modo primario, guiados casi exclusivamente por apetencias, instintos o tendencias del presente, sin reparar en las consecuencias que pueden implicar tales comportamientos. Su falta de constancia responde a esta falta de planteamientos realistas, a la versatilidad propia de su falta de equilibrio emocional y de criterios éticos sólidos y de valores estables.

Se produce entonces un imperio del presente, por el cual, solamente se pretende sacarle el máximo partido a lo que se trae entre manos. Sentir intensamente las vivencias del momento, ya que la sensualidad se sitúa en primer plano, como principal fuente de autoafirmación de esa personalidad escasamente configurada. Entre ellos también son comunes las conductas de riesgo, más por desconocimiento del mismo o por un intento de autoafirmación, que por valor o por criterios particulares.

Emocionalmente son poco estables, sufriendo frecuentes altibajos de ánimo que se desencadenan por motivos muchas veces insignificantes (un pequeño fracaso, el comentario desfavorable de alguna persona, etcétera), con una fragilidad emocional que hace que pasen fácilmente de la risa al llanto («labilidad emocional»). Tienen un bajo umbral de tolerancia a las frustraciones que hace que se derrumben cuando cualquier cosa no sale tal como habían previsto. Si alguien se niega a que se cumplan sus deseos, reaccionan de forma impulsiva, a veces con agresividad, lo que deteriora sus relaciones interpersonales, que suelen ser un tanto conflictivas debido a su dificultad para dar y recibir auténtico amor, para comunicarse abiertamente con los demás, para dejarse conocer y establecer lazos afectivos francos, sinceros y profundos.

Además, tienden a idealizar previamente a los demás, que se continúa de un sentirse defraudados y concluye con actitudes rígidas y rebeldes. Esta intolerancia e inflexibilidad que muestran hacia los demás contrasta con la transigencia que pueden mantener consigo mismos, lo que no es más que otra manifestación de su incoherencia interna. En otras ocasiones, se puede advertir una exagerada influencia de ciertas opiniones ajenas, quedando al arbitrio de la moda o de la influencia pasajera de alguna persona que, en ese momento, adoptan como líder. Es lo que comúnmente se entiende por «falta de personalidad».

Como resultado final de todas estas características se produce, por igual que les sucede a los niños, una falta de independencia, de auténtica autonomía, que dificulta el que estas personas se pueden desenvolver por sí mismas de una forma adecuada. Son, por tanto, como niños con la edad de adultos, personas incapaces de asumir con responsabilidad tareas propias de estos últimos, como el matrimonio, la paternidad, etc.

PRINCIPALES CARACTERÍSTICAS DE LA PERSONALIDAD INMADURA
— Desconocimiento de uno mismo. Personalidad poco configurada. — Impaciencia. — Inmediatez. — Falta de constancia. — Comportamientos irresponsables. — Comportamientos caprichosos. — Ausencia de objetivos y planteamientos realistas. — Desconocimiento del riesgo. — Escaso control de instintos, impulsos y tendencias. — Tendencia a ensimismarse en fantasías. — Intolerancia a la frustración. — Inestabilidad y labilidad emocional. — Dificultades para aceptar los propios fallos y limitaciones. — Dependencia. — Relaciones afectivas superficiales, rígidas y exigentes. — Criterios éticos y valores inestables.

El trastorno de la personalidad por evitación

Este trastorno, que es bastante frecuente, se caracteriza fundamentalmente por un exagerado temor a ser rechazado por los demás. Estas personas se valoran muy poco a sí mismas y tienen una sensibilidad exagerada frente a los comentarios y comportamientos de los otros, viviendo sucesos triviales como agresiones o humillaciones que les resultan particularmente insoportables y que les llenan de vergüenza y desasosiego interior, sintiéndose entonces indefensos y sin recursos psicológicos para lograr salir de ese tipo de situaciones, que les crean una gran ansiedad.

Como consecuencia, tienden a evitar todo tipo de reuniones sociales, por miedo a que en éstas no se les vaya a prestar una atención suficiente, a quedar en ellas aislados o avergonzados por cualquier motivo. Sin embargo, las relaciones sociales les importan e interesan mucho, aunque no acuden a ellas si no están seguros de que recibirán suficientes muestras de afecto y aceptación social. Cuando es así, se muestran particularmente felices y satisfechos.

En muchos casos, el trastorno aparece como consecuencia de vivencias traumáticas en las que se han sufrido una o varias situaciones de intensa vergüenza, crítica o rechazo social, durante la infancia o juventud, quedando estas personas, desde entonces, especialmente sensibilizadas.

Cada nueva relación social vivida como amenaza o fracaso, les supone una sobrecarga de ansiedad y una devaluación de la idea de la propia valía, aumentando los sentimientos de inferioridad y culpa, entre reproches exagerados e injustificados, ya que suelen hacer referencia a comportamientos o errores totalmente banales.

Con cierta frecuencia se añade a este trastorno de personalidad un cuadro de fobia social por el cual se establecen mecanismos de huida y evitación de situaciones sociales de un modo determinado o incluso generalizado. También son frecuentes los trastornos depresivos como consecuencia de la frecuente ansiedad, disminución de la autoestima, sentimientos de incapacidad y tendencia al aislamiento.

PRINCIPALES CARACTERÍSTICAS DEL TRASTORNO DE LA PERSONALIDAD POR EVITACIÓN
— Exagerado temor al rechazo social. — Baja autovaloración y autoestima. — Excesiva dependencia de las actitudes de los demás. — Sobrevaloración de las relaciones sociales. — Tendencia desproporcionada a la autoinculpación.

La personalidad hipocondríaca o aprensiva

Existen descripciones de casos de hipocondría desde los tiempos de Hipócrates. Su nombre se debe al hecho de que los griegos asociasen los cambios mentales con modificaciones de los órganos situados en la zona del abdomen denominada hipocondrio.

La personalidad hipocondríaca se caracteriza por una exagerada tendencia a la autoobservación y vigilancia de la corporalidad propia, debido al temor persistente, injustificado y excesivo a la enfermedad o la muerte.

Las personas hipocondríacas suelen estar demasiado volcadas sobre ellas mismas, lo cual les impide muchas veces estar suficientemente pendientes de los demás y sus necesidades, por lo que dan la impresión de ser muy egoístas. Entre ellos son frecuentes las actitudes narcisistas y egocéntricas. Suelen tener una sensibilidad exagerada hacia las críticas de que son objeto de los demás. Aunque muchas veces no es así, son personas más bien materialistas.

Son obstinados en sus planteamientos, particularmente con los que hacen referencia a enfermedades, su tratamiento y prevención, a fármacos, médicos, etc. También suelen ser desconfiados respecto de este tipo de temas, realizando una interpretación errónea y alarmista de cualquier molestia o síntoma físico que puedan observar. También suelen ser muy sugestionables en lo que se refiere a enfermedades y síntomas, y bastante escrupulosos. En bastantes casos, se presentan pensamientos obsesivos y comportamientos compulsivos en relación con enfermedades, su contagio o trasmisión.

Algunas personas hipocondríacas se muestran también muy aprensivas respecto de la salud de sus hijos y otras personas queridas. Es un trastorno que se puede trasmitir de padres a hijos por este motivo. La continua y exagerada preocupación del padre porque los hijos puedan tener o contraer una enfermedad, le lleva a proporcionarles cuidados excesivos, a preocuparles respecto de enfermedades, a aconsejarles hábitos exagerados en relación con la salud, a convertirles a su vez en hipocondríacos, en definitiva.

Otras veces, este tipo de personalidad se ve favorecido por experiencias traumáticas en relación con enfermedades o muertes de personas próximas. En otras ocasiones, lo que sucede es que se comienza con síntomas físicos propios de la ansiedad, como taquicardia, palpitaciones, disnea, opresión precordial, cefaleas, vértigos, mareos, visión borrosa, algias diversas, etc., que llevan al paciente a ser sometido a una larga serie de exploraciones somáticas, sin que se logre evidenciar patología alguna.

Comienza a aparecer entonces la duda, cada vez más preocupante, sobre la naturaleza de su trastorno, cobrando cada vez más fuerza la idea de que se trata de una enfermedad muy grave (que tal vez le ocultan) o muy extraña y difícil de diagnosticar.

Cuando finalmente el médico le asegura que no se ha evidenciado patología orgánica que justifique esta sintomatología y que se trata de un trastorno psíquico, muchos pacientes se niegan a admitir esta posibilidad y, en vez de iniciar el correspondiente tratamiento psiquiátrico, comienzan un largo peregrinaje en busca de otros médicos y de complejas exploraciones complementarias que puedan descubrir la causa de sus molestias.

En este caso, ya no se puede hablar solamente de personalidad hipocondríaca, sino que se ha desarrollado una «neurosis hipocondríaca» o «hipocondría» en el sentido estricto, es decir, la «enfermedad imaginaria», caracterizada por una preocupación exagerada que surge como consecuencia de la creencia o del temor a estar padeciendo una enfermedad orgánica, sin que exista justificación para ello.

Ante la incapacidad de lograr descubrir su hipotética enfermedad, se desesperan, agravándose los síntomas de ansiedad, con el correspondiente incremento de sus molestias, lo cual les lleva a pensar que su enfermedad progresa y se agrava ante la incapacidad de los médicos para ayudarles.

Muchos compran enciclopedias médicas de divulgación, interpretando equivocadamente la sintomatología que en ellas se describe, lo que les lleva a continuos y falsos autodiagnósticos que les hacen llamar o visitar de nuevo al médico con la finalidad de que éste les dé múltiples explicaciones y les asegure que no padecen esa enfermedad. A pesar de lo cual, siempre suele quedar una sombra de dudas, por lo que si el médico logra tranquilizarles, sólo será de un modo un tanto pasajero.

La repetición de algunas exploraciones quirúrgicas que entrañan cierto riesgo, ha dado lugar en algunos casos a complicaciones orgánicas de la enfermedad. Por otra parte, también se han descrito casos en los que, debido a la presión e insistencia injustificada que el paciente ejerce sobre el médico, éste ha pasado por alto síntomas que verdaderamente correspondían a un trastorno somático, dándose la paradoja de que esta excesiva preocupación por identificar tempranamente la enfermedad termine ocasionando un resultado opuesto al que se buscaba.

La hipocondría aparece con gran frecuencia asociada a otros trastornos, en algunos casos a depresión o a esquizofrenia, pero sobre todo trastornos por ansiedad y por somatización. En estos dos últimos, los pacientes suelen tener una actitud hipocondríaca, generalmente como consecuencia de no admitir que su trastorno pueda ser de naturaleza psíquica y por el efecto que han supuesto para ellos las numerosas exploraciones orgánicas a que han sido sometidos, sin que se encontrase ningún hallazgo clínico que justificase su sintomatología, desde una perspectiva somática.

Algunas crisis de ansiedad, por su sintomatología física y por la sensación de muerte inminente de que se suelen acompañar, hacen que muchos pacientes crean en esos momentos que van a morir a causa de una enfermedad orgánica grave y fulminante (infarto de miocardio, parada respiratoria, etc.). En muchas ocasiones, a pesar de las explicaciones que puedan recibir por parte del médico que posteriormente les atienda, muchos continúan dudando que el diagnóstico sea acertado o, incluso si lo admiten, persiste en ellos la idea de que puedan llegar a morir como consecuencia de estas crisis.

En ocasiones, la hipocondría se acompaña de fobias, pero es más frecuente que suceda a la inversa; es decir, algunas fobias, simples en principio, terminan desarrollando un cuadro hipocondríaco. Esto sucede con particular frecuencia con el miedo exagerado y genérico a la muerte («tanatofobia»), o a enfermedades concretas, sobre todo al infarto de miocardio («cardiofobia») y al cáncer («cancerofobia»). También sucede con la fobia a contraer enfermedades de transmisión sexual, que durante los últimos años se han ido concretando progresivamente en el temor a contagiarse del Síndrome de Inmunodeficiencia Adquirida («sidafobia»).

Estas fobias se acompañan casi siempre de una actitud hipocondríaca, alimentándose recíprocamente, creando círculos viciosos. El temor a esa enfermedad desarrolla actitudes hipocondríacas que, a su vez, aumentan la intensidad de la fobia. Sin embargo, no es frecuente que se llegue a la verdadera «hipocondría», ya que no suele existir sensación de certeza de padecer la enfermedad temida.

También se puede producir esta asociación con otras fobias que no guardan relación directa con enfermedades, como, por ejemplo, con la «agorafobia». Este trastorno, caracterizado por el temor a estar solo o hallarse en lugares públicos de los que puede ser difícil escapar u obtener ayuda en caso de una incapacitación súbita, se suma fácilmente al cuadro hipocondríaco, ya que estas personas, convencidas de la gravedad de la enfermedad que creen padecer, tienden a evitar este tipo de situaciones.

Es más, algunos llegan a buscar su vivienda cerca de algún hospital que les ofrezca, dentro de lo que cabe, cierta confianza e incluso, cuando tienen que realizar un viaje, se informan de los centros médicos que existen en las localidades del trayecto.

Las preocupaciones que el hipocondríaco tiene respecto de su hipotética enfermedad, suelen terminar produciéndole algún tipo de incapacitación en el terreno laboral y social. En los casos más graves, se llega a constituir una auténtica fobia social secundaria a la hipocondría.

Algunos trastornos «obsesivo-compulsivos» también guardan una relación directa con la hipocondría. Ya hemos comentado cómo muchos hipocondríacos tienen rasgos obsesivo-compulsivos. La autoobservación con el fin de obtener datos exploratorios sobre la naturaleza de la enfermedad imaginaria, puede terminar tomando un carácter compulsivo, constituyendo un ritual típico de este tipo de trastorno por ansiedad.

A la inversa, es decir, que termine apareciendo una hipocondría secundaria a un trastorno por ansiedad «obsesivo-compulsivo», es más raro. Es cierto que un exagerado e irracional miedo al contagio es, con frecuencia, el componente esencial de la ideación obsesiva, lo que conduce a estos pacientes a realizar compulsiones mediante las cuales intentar evitar a toda costa esta posibilidad.

No obstante, se trata generalmente de un miedo a la «contaminación» por algo concreto que procede de otras personas, que el propio paciente suele vivir como irracional y absurdo, más que de un temor a alguna enfermedad. En cualquier caso, no se suele llegar a la certeza de poseer una enfermedad imaginaria, quedando generalmente todo en el campo de la duda, de esa duda típica que procede del fondo de inseguridad de los obsesivos.

PRINCIPALES CARACTERÍSTICAS DE LA PERSONALIDAD HIPOCONDRÍACA
— Exagerada tendencia a la autoobservación y vigilancia de la corporalidad propia. — Temor persistente, injustificado y excesivo a la enfermedad o la muerte. — Interpretación errónea y alarmista de sus síntomas físicos. — Egocentrismo. — Narcisismo. Conductas egoístas. Materialismo. — Descuido o desinterés por los demás y sus necesidades. — Obstinación. — Escrupulosidad. — Pensamiento obsesivo y comportamientos compulsivos en relación con enfermedades. — Desconfianza. — Hipersensibilidad frente a las críticas de los demás. — Alta sugestionabilidad.

La personalidad límite o borderline

La personalidad borderline recibe su nombre como consecuencia de que históricamente se la ha situado, desde el punto de vista clínico, en una franja intermedia, en el «límite» que separaba las psicosis de las neurosis[66]. Se trata de un trastorno caracterizado esencialmente por impulsividad, agresividad, inestabilidad y comportamientos anómalos e imprevisibles.

Son personas que actúan de un modo impulsivo, sin reflexionar, reaccionando en algunas ocasiones con una cólera y una agresividad injustificadas e imprevisibles. Esta agresividad puede estar dirigida contra los demás o contra sí mismos, siendo frecuentes las automutilaciones o las tentativas de suicidio. Esta agresividad se puede acompañar también de comportamientos masoquistas.

Esta falta de autocontrol puede manifestarse también en forma de gastos inútiles y desproporcionados, comer en exceso, o conductas arriesgadas sin finalidad.

También son comunes los comportamientos antisociales o delictivos en forma de robos, venta de drogas, prostitución, proxenetismo, etc., y comportamientos sexuales anómalos como promiscuidad, relaciones homosexuales (muchas veces, sin que exista homosexualidad) y parafilias (desviaciones sexuales como paidofilia, zoofilia, sadomasoquismo, etc.).

Cuando se habla de sus comportamientos tienden a mentir, a negarlos o a intentar justificarlos culpando a los demás. Sus relaciones afectivas son muy inestables, caracterizadas por su intento de manipular a los demás en su propio beneficio, por la dependencia que terminan estableciendo con ciertas personas y por el paso brusco de la idealización a la devaluación de los demás. También son muy inestables en el terreno laboral o escolar.

---

66 El término fue utilizado por primera vez en 1938 por A. STERN en un trabajo titulado *Psychoanalytic investigation of and therapy in the borderline group of neurosis* (Psychoanalytic Quarterly 7, 467-489).

Estas personas suelen sentirse permanentemente con una sensación de vacío interior y de aburrimiento, que refleja una vida interior pobre, primaria y desajustada. No soportan la soledad, necesitando estar continuamente acompañados por alguna persona, aunque ésta no sea de su agrado. A estos sentimientos se suele añadir una sensación de «despersonalización», es decir, de notarse raros a sí mismos, cambiados, como si no fuesen ellos mismos; junto con la impresión de que la realidad es distinta, extraña, irreal, como si de repente se hubiese transformado («desrealización»).

Estas sensaciones les conducen a abusar del alcohol o de las drogas, a veces de un modo impulsivo, lo cual aumenta y agrava las complicaciones del trastorno. Es frecuente que terminen alcohólicos o con alguna drogodependencia. También son comunes entre ellos los

PRINCIPALES CARACTERÍSTICAS DE LA PERSONALIDAD LÍMITE O BORDERLINE
— Impulsividad. — Irritabilidad. — Auto y heteroagresividad. — Falta de sinceridad. — Despersonalización y desrealización. — Sentimientos permanentes de vacío y aburrimiento. — Intolerancia a la soledad. — Comportamientos imprevisibles e irresponsables. — Inestabilidad afectiva. — Inestabilidad laboral o escolar. — Excesiva dependencia. — Tendencia al abuso de alcohol y otras drogas. — Alteraciones sexuales.

trastornos depresivos y psicóticos, particularmente las psicosis reactivas breves, muchas veces desencadenadas por el consumo de drogas.

La personalidad esquizoide

Las personas con un trastorno esquizoide de la personalidad se caracterizan esencialmente por su incapacidad para establecer unas relaciones sociales mínimamente suficientes y adecuadas. Esta característica se va acentuando con el tiempo, si bien suele estar ya bastante presente desde la infancia.

Su carácter es excesivamente frío y distante. Los demás ocupan un lugar muy poco importante en su vida. Manteniéndose singularmente indiferentes ante las opiniones, aprobaciones y críticas de los otros, por igual que sucede en el terreno afectivo. Incapaces de sentir y expresar sentimientos cálidos y afectuosos.

Son introvertidos, retraídos y solitarios. Tienen muy pocos amigos, uno o, generalmente, ninguno. El distanciamiento afectivo también incluye a los miembros más próximos de su familia. Evitan las relaciones sociales y si, accidentalmente, están dentro de un grupo, son muy poco participativos.

Se les puede observar con frecuencia ensimismados, enfrascados en sus propios pensamientos o fantasías, como si estuviesen soñando despiertos. Tienen muy poco sentido del humor y rara vez participan de las bromas de los demás.

Es excepcional que lleguen a establecer una relación amorosa. Cuando esto sucede, ellos nunca han iniciado la relación, y a lo largo de la misma mantendrán siempre un papel esencialmente pasivo.

Como consecuencia de todo lo anterior, suelen ser personas con escasas habilidades sociales, que viven relativamente satisfechas dentro de su profundo aislamiento, sin ningún deseo de que esta situación cambie.

PRINCIPALES CARACTERÍSTICAS DE LA PERSONALIDAD ESQUIZOIDE
— Dificultades para relacionarse y desinterés por conseguirlo. — Introversión. — Frialdad y distanciamiento afectivo. — Excesiva indiferencia hacia los demás. — Actitud reservada y retraída. — Tendencia a la soledad. — Escasa participación en actividades sociales. — Tendencia a la fantasía y el ensimismamiento.

La personalidad esquizotípica

Se trata de un trastorno de la personalidad que se manifiesta por una serie de síntomas que recuerdan, en cierto modo, a la esquizofrenia, si bien estas dos anomalías son muy diferentes: en el primer caso se trata de un trastorno de la personalidad, mientras que el segundo constituye una grave psicosis.

En la personalidad esquizotípica, los síntomas tienen un carácter relativamente permanente y estable, por el contrario de lo que sucede en la esquizofrenia, en la que la sintomatología, mucho más intensa y llamativa, cursa en forma de brotes agudos y recortados en el tiempo. No obstante, resulta interesante que se haya comprobado cómo este trastorno de la personalidad es más frecuente en las familias en las que algunos de sus miembros padecen o han padecido esquizofrenia.

Estas personas suelen tener tendencia a las fantasías y a desarrollar un pensamiento mágico, por el que creen en supersticiones, capacidades extrasensoriales, fenómenos paranormales, etc., considerándose a sí mismos, o a veces a otras personas, dueños de «un sexto sentido», de capacidades telepáticas, perceptivas, premonitorias, adivinatorias, etc.

Frecuentemente padecen ilusiones sensoperceptivas y sensaciones extrañas, como la sensación de presencia de fuerzas ocultas, de espíritus o de personas ausentes.

A estos fenómenos se suele añadir un cierta despersonalización; es decir, una sensación de notarse a sí mismos como cambiados, diferentes, con una identidad modificada y difícil de reconocer. También es frecuente la desrealización o sensación injustificada de que la realidad, el espacio exterior, está cambiada, extrañamente modificada.

También son frecuentes las interpretaciones inadecuadas («delirantes») de percepciones o sucesos normales, que estas personas consideran especiales y dotadas de un significado simbólico o particular, en relación con su pensamiento mágico. Muchas veces, éstas les llevan a considerar que los demás les acosan, persiguen, les trasmiten mensajes de un modo simbólico, les adivinan o manipulan su pensamiento, etcétera.

Con estas alteraciones se comprende que sean bastante comunes las ideas de tipo autorreferencial (todo está en relación con ellos) y la desconfianza, sospecha y suspicacia propias de los cuadros paranoides. Esto les crea graves problemas en sus relaciones sociales, ya que son muy susceptibles frente a comentarios, críticas o conductas de los demás, ya sean reales o imaginarias.

Por otra parte, son personas frías y distantes, con pocas habilidades sociales y con frecuentes anomalías de comunicación, como el empleo de un lenguaje vago, extraño y metafórico, resultando muy difícil lograr una suficiente sintonización con ellos.

Como consecuencia de todos estos factores, es muy difícil que logren desarrollar un actividad laboral adecuada, salvo en trabajos muy individualistas. Generalmente, estas personas terminan viviendo dentro de un gran aislamiento social, o, a veces, integrándose dentro de pequeños subgrupos marginales, en los que se aceptan como naturales estas alteraciones del pensamiento y de la sensopercepción.

Con cierta frecuencia, esta personalidad esquizotípica causa en el que la padece síntomas añadidos como ansiedad, irritabilidad y alteraciones del estado de ánimo, particularmente síntomas depresivos.

Muchas veces se presenta asociada a otros trastornos diferentes de la personalidad, especialmente con la llamada personalidad límite o borderline [67]. También puede favorecer la aparición de otros trastornos psicopatológicos, como la psicosis reactiva breve [68].

PRINCIPALES CARACTERÍSTICAS DE LA PERSONALIDAD ESQUIZOTÍPICA
— Pensamiento mágico. — Tendencia a la fantasía. — Ilusiones y errores sensoperceptivos. — Interpretaciones inadecuadas de sucesos normales. — Dificultades en las relaciones sociales. — Comunicación verbal peculiar. Frialdad y distanciamiento afectivo. — Despersonalización y desrealización.

[67] En estos casos se realiza un diagnóstico de trastorno mixto de la personalidad esquizotípico-borderline. Véase en qué consiste la personalidad borderline o límite en su capítulo correspondiente.

[68] Véase en qué consiste esta psicosis en el capítulo sobre la pesonalidad histriónica o histérica.

La doble personalidad

La doble personalidad consiste en un trastorno disociativo de la identidad del «yo» por el cual una persona posee dos personalidades distintas; es decir, tiene dos formas de ser diferentes, con sus respectivas estructuras, pautas de conducta, criterios y formas de reacción que condicionan su forma de actuar. Dependiendo de diversas circunstancias, generalmente debido a situaciones de tensión psíquica, se pasa de una personalidad a otra, por lo que también se le ha denominado a este trastorno «personalidad alternante». En algunos casos existen tres, cuatro o más personalidades, con lo que se habla de «personalidad múltiple».

En la mayoría de los casos las diversas personalidades tienen características opuestas entre sí, tal como el Dr. Jekyll y Mr. Hyde de la famosa novela de Stevenson. Además de tener características psicológicas completamente distintas, pueden pertenecer a distinto nombre, sexo, profesión, edad, nacionalidad, raza, etc.

El paso de una personalidad a otra suele suceder de un modo brusco. Una vez producida la transformación, lo más común es que se produzca una amnesia por la cual se olvida, total o parcialmente, lo sucedido mientras dominaba la personalidad anterior. También es habitual que cada personalidad no tenga conocimiento de las otras. Se han descrito casos en los que personas con este trastorno mantenían diálogos internos en los que participaban simultáneamente sus diversas personalidades.

La doble personalidad es una alteración rara, que afecta más a las mujeres que a los hombres, particularmente a las jóvenes y adolescentes. Se suele asociar a trastornos psicosexuales y de pérdida del control de los impulsos. En su libre evolución, también es frecuente que se intercalen breves episodios de psicosis reactivas[70].

PRINCIPALES CARACTERÍSTICAS DE LA DOBLE PERSONALIDAD
— Existencia de dos personalidades completas y distintas en una misma persona. — Alternancia en la presencia de ambas personalidades, condicionándose alternativamente el comportamiento. — Cuando domina una personalidad no se recuerda lo correspondiente a la otra. — Las dos personalidades pueden desconocerse o hablar entre sí.

Cuestionario autoaplicado para trastornos de la personalidad

Instrucciones

Conteste sinceramente a las afirmaciones que se formulan a continuación, utilizando los símbolos V ? F, situados a la derecha de este cuestionario. Si considera que una característica define bastante bien su forma de ser debe contestar verdadero, es decir, rodeando la letra «V» con un círculo. Si, por el contrario, no corresponde a como suele ser o comportarse, conteste rodeando la «F» (falso). Solamente en caso de que le resulte absolutamente imposible decidirse por una de las dos respuestas anteriores, hágalo mediante la respuesta indefinida («?»).

1. Los demás le irritan con facilidad, discute o se pelea con ellos con más frecuencia que la mayoría de la gente................................ V ? F
2. Le resulta difícil controlar sus impulsos... V ? F
3. Es una persona con escasa seguridad en sí mismo .... V ? F
4. Miente con bastante frecuencia................ V ? F
5. Le cuesta mucho tomar decisiones........... V ? F
6. Se estima y valora poco a sí mismo .... V ? F
7. Frecuentemente se nota extraño a sí mismo o percibe como si todo fuera diferente V ? F
8. Tiene escaso sentido de la responsabilidad. V ? F
9. Se emociona fácilmente .... V ? F
10. Es desconfiado... V ? F
11. Depende demasiado de otras personas .... V ? F
12. Tiene frecuentes oscilaciones del estado de ánimo .... V ? F
13. Es bastante escrupuloso............................ V ? F
14. No le gusta pasar desapercibido .... V ? F
15. Se sugestiona con facilidad .... V ? F
16. Tiene un excesivo sentido de la responsabilidad y le cuesta delegar responsabilidades en los demás.. V ? F
17. Es impaciente o caprichoso...................... V ? F
18. Realiza imprudencias o se arriesga innecesariamente... V ? F
19. Su comportamiento, sobre todo con las personas de poca confianza, suele ser frío y distante... V ? F
20. Es usted muy tozudo, muy obstinado .... V ? F
21. A menudo se siente culpable .... V ? F
22. Suele ser una persona sumisa y resignada. V ? F
23. Es usted un solitario................................. V ? F
24. Lo que les pase a los demás le importa poco. V ? F
25. Con frecuencia no cumple algunas obligaciones .... V ? F

26. Procura hacer simplemente «lo que le apetece» .... V ? F
27. Las leyes o normas sociales no van con usted.. V ? F
28. Cambia de criterio con mucha frecuencia .... V ? F
29. Ha abusado bastante del alcohol o consumido drogas.. V ? F
30. Le importa demasiado la opinión de otros sobre usted .... V ? F
31. Sus sentimientos hacia otras personas cambian con facilidad.. V ? F
32. En ocasiones, su comportamiento es imprevisible .... V ? F
33. Tiene un miedo permanente a la enfermedad .... V ? F
34. Ha tenido relaciones sexuales poco comunes o con muchas parejas diferentes .... V ? F
35. Está demasiado absorbido por sí mismo .. V ? F
36. No soporta estar ni un momento solo...... V ? F
37. Es usted extraordinariamente reservado con su intimidad .... V ? F
38. Suele estar apático, desinteresado, aburrido .... V ? F
39. No le gustan las relaciones sociales........... V ? F
40. Pasa con facilidad de valorarse mucho a no valorarse nada .... V ? F
41. Es muy crítico o poco tolerante .... V ? F
42. Es exageradamente detallista, ordenado o meticuloso .... V ? F
43. No suele hacer caso de lo que le dicen .... V ? F
44. Muchas veces es incapaz de controlar sus emociones.. V ? F
45. Se hunde o enfurece siempre que no logra obtener lo que quería o cuando algo le sale mal .... V ? F

46. Es una persona muy sensible o muy afectiva. V ? F
47. Necesita que los demás le den mucho cariño .... V ? F
48. No le gusta nada participar en actividades sociales .... V ? F
49. En cuanto siente la menor molestia o dolor comienza a pensar que puede tener una enfermedad grave .... V ? F
50. Es muy exigente o muy austero consigo mismo .... V ? F
51. Pierde mucho el tiempo y odia o desprecia a quien se lo recuerda .... V ? F
52. No le gusta improvisar, necesita planificar y prever casi todo .... V ? F
53. Prefiere siempre lo práctico, le interesan muy poco las cosas bonitas si no son útiles. V ? F
54. Está frecuentemente ensimismado en fantasías .... V ? F
55. En algunas ocasiones se comporta de un modo exagerado, dramático o extravagante .... V ? F
56. Ha cambiado mucho de trabajo o de colegio .... V ? F
57. Con bastante frecuencia observa hechos que demuestran la presencia de espíritus, extraterrestres o de extrañas fuerzas ocultas .... V ? F
58. Nunca se siente culpable ni arrepentido de lo que hace .... V ? F
59. Sus proyectos suelen ser poco realistas y usted poco constante .... V ? F
60. Tiende a obsesionarse y a analizar todo repetidamente .... V ? F
61. Usted es tranquilo y pacífico, pero a veces tiene desproporcionadas explosiones de cólera que a usted mismo le sorprenden . V ? F

62. Deja de ir a ciertas reuniones sociales por miedo a ser rechazado por los demás....... V ? F
63. Ha dejado de realizar ciertas actividades por miedo a tener allí una reacción de ira descontrolada.. V ? F

Valoración de los resultados

A cada una de las columnas que aparecen a continuación clasificadas mediante letras (A, B, C, D, etc.) le corresponde un trastorno de la personalidad. Tenga solamente en cuenta las respuestas en las que ha elegido «V» (verdadero) y su número de orden. Sume un punto en cada una de las columnas correspondientes según el esquema siguiente:

Número de pregunta	Columnas a puntuar
1	A, B, J, M
2	A, B, I, M
3	D, O
4	A, B, J
5	D, O
6	D, E
7	B, L
8	A, B, D, I, J
9	C, I
10	F, G
11	B, D, E, I, J
12	C, H, I, N
13	F, O
14	H, N
15	F, H, I
16	O
17	I
18	A, I

Número de pregunta	Columnas a puntuar
19	G, L, K, O
20	F, J
21	E, M, O
22	D
23	K
24	A, F, N
25	A, J
26	I
27	A, B
28	C, I
29	A, B
30	E, F, H, N, O
31	A, B, I
32	B, C
33	F
34	A, B, N
35	A, F, H, K, N
36	B
37	G, K, O
38	B, J
39	G, K, L
40	C
41	G, O
42	O
43	J, K
44	H
45	I
46	H
47	H
48	K
49	F
50	O
51	J
52	O

Número de pregunta	Columnas a puntuar
53	G
54	H, I, K, L, N
55	H, N
56	A, B, J
57	L
58	A
59	I
60	O
61	M
62	E
63	M

Columnas

A (personalidad antisocial):
B (personalidad borderline):
C (personalidad ciclotímica):
D (personalidad dependiente):
E (personalidad evasiva):
F (personalidad hipocondríaca):
G (personalidad paranoide):
H (personalidad histérica):
I (personalidad inmadura):
J (personalidad pasivo-agresiva):
K (personalidad esquizoide):
L (personalidad esquizotípica):
M (personalidad explosiva):
N (personalidad narcisista):
O (personalidad obsesiva):

Interpretación de los resultados

Cada punto anotado constituye una característica de ese trastorno de la personalidad. Cuantos más puntos se obtengan en relación con los totales posibles[69], más probable es que se tenga dicho trastorno. Se pueden tener simultáneamente dos o más trastornos de la personalidad.

Los test y cuestionarios psicológicos aportan únicamente datos orientativos y en ningún caso sirven, por sí mismos, para hacer un diagnóstico. Éste sólo puede ser realizado por un especialista mediante la imprescindible entrevista directa con esa persona[70].

Aunque es muy probable que se tenga un trastorno con puntaciones menores, en líneas generales cabe sospechar seriamente que se puede tener un determinado trastorno de la personalidad cuando se han alcanzado las puntuaciones siguientes:

A (personalidad antisocial): 10 o más puntos (máximo = 14 puntos).
B (personalidad borderline): 10 o más puntos (máximo = 14 puntos).
C (personalidad ciclotímica): 4 o más puntos (máximo = 5 puntos).
D (personalidad dependiente): 5 o más puntos (máximo = 6 puntos).
E (personalidad evasiva): 4 o más puntos (máximo = 5 puntos).

---

[69] Las puntuaciones máximas que se podrían haber conseguido en cada trastorno de la personalidad quedan reflejadas entre paréntesis en la parte inferior.

[70] Véase M. Dueñas, J. de las Heras, A. Polaino-Lorente y E. Rojas, *El libro de los test,* Temas de Hoy, Madrid, 1993. Además, este cuestionario aún no se encuentra validado estadísticamente, por lo que los resultados deben ser interpretados con ciertas reservas.

F (personalidad hipocondríaca): 7 o más puntos (máximo = 9 puntos).
G (personalidad paranoide): 5 o más puntos (máximo = 6 puntos).
H (personalidad histérica): 7 o más puntos (máximo = 10 puntos).
I (personalidad inmadura): 10 o más puntos (máximo = 14 puntos).
J (personalidad pasivo-agresiva): 7 o más puntos (máximo = 10 puntos).
K (personalidad esquizoide): 6 o más puntos (máximo = 8 puntos).
L (personalidad esquizotípica): 4 o más puntos (máximo = 5 puntos).
M (personalidad explosiva): 4 o más puntos (máximo = 5 puntos).
N (personalidad narcisista): 6 o más puntos (máximo = 8 puntos).
O (personalidad obsesiva): 9 o más puntos (máximo = 13 puntos).

CAPÍTULO III

¿SE PUEDE MODIFICAR LA PERSONALIDAD?

¿Se puede modificar la personalidad?

No es cierto que no se pueda cambiar de forma de ser. Es más, todos, necesariamente, cambiamos, en mayor o menor medida, con el paso del tiempo. Es inevitable cambiar, ya que todo aquello que nos va sucediendo hace que aprendamos, tengamos más experiencia, sepamos comportarnos de otro modo, quedemos «marcados» por un desengaño, etc. Las personas pueden conservar algunos rasgos o tendencias de su personalidad, esencialmente sus características temperamentales, pero sufren modificaciones en su carácter, con lo que la personalidad, en su conjunto, cambia a lo largo de la vida[71].

La personalidad no tiene una estructura inmóvil, sino que está sometida a ciertos cambios promovidos por estímulos externos y, sobre todo, por todas las experiencias que vamos teniendo a lo largo de la vida. Hay que entender la personalidad como una entidad dinámica, modificable.

Durante la infancia y adolescencia resulta mucho más sencillo introducir transformaciones en la personalidad, ya que ésta no se ha configurado plenamente, con lo que es más sensible a todo tipo de influencias.

---

[71] Véase el capítulo titulado «Las dos caras de la personalidad: temperamento y carácter», en el que se explica cómo la personalidad comprende facetas con las que se nace y difícilmente cambian (temperamento), mientras que otras están sujetas a continuas modificaciones (carácter).

Es evidente que es más fácil cambiar cuanto más joven se es, lo que no impide que se puedan realizar cambios a edades más avanzadas, aunque muchas personas crean que a su edad ya es imposible cambiar.

Algunas modificaciones constituyen una necesidad terapéutica para aquellos que tienen un trastorno de la personalidad [72]. Estas personas han ido estructurando una serie de patrones o hábitos de conducta y de mecanismos psicológicos que les dificultan la adecuada elaboración de algunas vivencias, que se traducen generalmente en angustia, ansiedad, agresividad, pérdida del autocontrol, insatisfacción, etc.

Sus relaciones con los demás también se ven afectadas por este tipo de trastornos que, además, se suelen acompañar de dificultades de adaptación e integración social y del subsiguiente aislamiento. Esta labor no es fácil, ya que desmontar y sustituir estos patrones de pensamiento y conducta por otros más adecuados requiere siempre bastante tiempo y la colaboración de estas personas, para las que dichos cambios suponen siempre un esfuerzo importante, de pobres resultados a corto plazo, por lo que es imprescindible una cierta constancia.

Se dice que se ha establecido un patrón de conducta cuando siempre, o casi siempre, se repite un comportamiento determinado ante situaciones similares. Por ejemplo, hay personas que han desarrollado excesivamente los mecanismos psicológicos de huida y evitación. Si saben que tienen que enfrentarse a una situación en la que pueden no saber desenvolverse adecuadamente, o que les puede generar ansiedad (tal como sucede en las fobias de todo tipo), reaccionan evitándola, aun a sabiendas de que, a medio o a largo plazo, les oca-

---

[72] Véase toda la segunda parte de esta obra.

sionará un perjuicio personal. Si, de forma inesperada, se ven envueltos en una de estas situaciones, suelen reaccionar mediante mecanismos de huida, intentando escapar a toda costa de esa situación, con lo que a corto plazo se sienten aliviados.

El resultado es que, evitando esas situaciones o huyendo de ellas, consiguen aliviar, al menos en parte, el sufrimiento que les producen, pero a medio o largo plazo sufren si cabe más, ya que se sienten incapacitadas para llevar una vida normal, lo cual agrava sus sentimientos de inferioridad y su inseguridad, debilitándolas más para enfrentarse de nuevo a una situación parecida, con lo que se crea un círculo vicioso que agrava progresivamente el problema.

Son personas que no están acostumbradas a superar dificultades, sino a evitarlas o ignorarlas, al menos en apariencia, ya que la puesta en marcha de estos mecanismos psicológicos de huida y evitación forma parte de la estructura de su personalidad, puesto que a fuerza de repetir estos comportamientos se sienten incapaces de utilizar otros; es decir, se ha establecido un hábito por el cual, ante situaciones semejantes, reaccionan así de un modo casi automático.

Un cambio de personalidad supone abandonar estos mecanismos patológicos para sustituirlos progresivamente por otros más adecuados. En el ejemplo anterior, estas personas deben intentar enfrentarse a estas situaciones de forma decidida y comprobar cómo, en muchos casos, pueden ser capaces de superarlas, lo que aumentará su seguridad en sí mismas [73]. Aprenden entonces a enfrentarse y asumir las dificultades propias de su existencia, que pueden constituir una importante fuente de maduración y superación personal.

---

[73] Si no es así, es conveniente que soliciten la ayuda de un especialista.

Los cambios de personalidad son más fáciles de lograr cuando esa persona se plantea, o se le plantean, de una forma concreta, los objetivos psicológicos que necesita alcanzar, a la vez que se utilizan técnicas o instrumentos psicológicos que le ayuden, con una perspectiva esencialmente práctica, a conquistar los objetivos propuestos.

Cómo conocerse a uno mismo

Conocerse a sí mismo es algo tan difícil como necesario. Tal vez sea el requisito imprescindible para iniciarse en todo conocimiento profundo de las cosas, en la auténtica sabiduría, además de constituir un ingrediente primordial para poder establecer y desarrollar unas relaciones sólidas y adecuadas con los demás.

Solamente partiendo de un suficiente conocimiento de uno mismo se puede iniciar una labor de mejora o perfeccionamiento de la propia personalidad. Ésta exige conocer de qué punto partimos, aceptarnos tal como somos, saber qué aspectos inadecuados debemos modificar, qué facetas debemos fomentar o frenar y los medios para poder llevarlo a cabo.

Existen tres fuentes fundamentales para obtener el conocimiento de uno mismo: la introspección, la evaluación objetiva de los propios comportamientos y logros, y la opinión de los demás.

La introspección consiste en observarnos por dentro, en volcarnos sobre nosotros mismos, durante un cierto período de reflexión, para intentar descubrir mejor nuestros mecanismos psíquicos internos, nuestras pautas habituales de comportamiento, de pensamiento, nuestros sentimientos, intereses, motivaciones, capacidades, etc.

La capacidad para realizar una introspección completa y objetiva varía mucho de unas personas a otras. El problema está, en algunos casos, en una incapacidad intrínseca para poder identificar y comprender en cierta profundidad la propia vida psíquica o, en particular, los sentimientos y otros componentes de la afectividad (trastorno denominado alexitimia).

Otras veces la dificultad estriba en la falta de objetividad de los juicios que esa persona hace sobre sí misma, debido a mecanismos psicológicos de defensa que surgen para intentar, de un modo más o menos inconsciente, proteger la autoestima o concepto de uno mismo, en forma de justificaciones, juicios partidistas o ideas sobrevaloradas. En estos casos la persona deforma sus apreciaciones sin darse cuenta, para negarse a la evidencia de algunos de sus fallos o limitaciones.

La situación psíquica del momento en que se realiza la introspección también puede tener una influencia importante, a veces decisiva, en las conclusiones que se puedan obtener sobre el conocimiento de uno mismo. Es muy probable que una situación favorable o de exaltación del estado de ánimo tienda a minimizar los aspectos negativos y que, por el contrario, una situación desfavorable tienda a agravarlos. Naturalmente, la presencia de un trastorno psíquico entorpece mucho más esta labor.

Estas dificultades pueden limitarse eligiendo un momento oportuno para realizar esta introspección. Muchas personas tienden a reflexionar sobre sí mismas a raíz de acontecimientos que ponen de manifiesto sus limitaciones o fracasos o, por el contrario, sus éxitos o capacidades. Entonces se hallan bajo el influjo directo de estas situaciones particulares y, con toda probabilidad, no serán objetivas en las apreciaciones que hagan sobre sí mismas.

Es preferible elegir una situación de estabilidad emocional, en la que exista el menor número posible de condicionantes, y observarnos a distancia[74], con una perspectiva en el tiempo lo más amplia posible y como si nuestro juicio se refiriese a otra persona. De este modo se pueden limitar los inconvenientes referidos con anterioridad.

No obstante, la introspección, por sí misma, es insuficiente a la hora de intentar conocerse a sí mismo. Es necesario recurrir a otras fuentes de información, como la valoración de los propios logros y comportamientos.

Por regla general, el comportamiento de una persona ofrece bastantes datos fiables sobre su personalidad. Es cierto que una persona puede comportarse, en un momento dado, de un modo distinto, o incluso contrario, al que le correspondería en relación con su personalidad, pero se trata, entonces, de hechos aislados y excepcionales.

El juicio, para el conocimiento de uno mismo, debe referirse fundamentalmente a los comportamientos más frecuentes, a los más cotidianos, y no a los excepcionales, por llamativos que éstos puedan ser. Del mismo modo, la mayoría de los logros obtenidos por una persona guardan una estrecha relación con sus capacidades y con el esfuerzo y determinación con que fueron acometidos. Rara vez se logran objetivos de cierta importancia sin capacidad, habilidad, esfuerzo o constancia.

La evaluación de los comportamientos y logros es por esto una fuente bastante fiable en el conocimiento de uno mismo. No obstante, también está condicionada y sujeta a errores en la interpretación personal de los mismos. El éxito o fracaso en un aspecto concreto puede atribuirse a un factor diferente del que ha sido el esencial responsable. Por ejemplo, el fracaso en una tarea profesional

---

[74] Como dice Enrique Rojas (*Una teoría de felicidad,* Dossat, Madrid, 1989), para conocer bien a una persona es necesario alejarse de ella, verla con una cierta distancia, para ganar perspectiva. Por lo mismo, no nos podemos ver a nosotros mismos desde el patio de butacas.

puede ser achacado por esa persona a falta de capacidad intelectual, cuando se debe realmente a factores distintos, como falta de preparación, excesiva confianza o al poco esfuerzo o tiempo dedicado a esa cuestión.

Por otra parte, se puede dar una importancia excesivamente grande o pequeña a ciertos sucesos objetivos. Esto depende del tipo de personalidad y de la situación de esa persona en un momento dado, siendo un fenómeno muy frecuente en muchos trastornos psíquicos. Los que tienen sentimientos de inferioridad y los depresivos, por ejemplo, tienden a devaluar sus logros personales, mientras que agrandan sus fracasos. En la hipertimia y otros trastornos sucede, sin embargo, lo contrario.

La opinión de los demás es el tercer factor importante en el conocimiento de uno mismo. Nos sirve de referencia y contraste con nuestra opinión propia; sin embargo, puede llevarnos, muchas veces, a engaño.

Dependiendo de dónde vengan, las opiniones pueden ser contradictorias; incluso procediendo de la misma persona, si ésta es muy versátil. Además, la información directa que se recibe de los otros puede ser esencialmente falsa por muchos motivos. A veces por mera adulación, en otras ocasiones porque a esa persona le falta suficiente confianza para ser sincera, tiene miedo de resultar desagradable al expresar opiniones poco favorables, o no quiere desanimar al otro en un momento dado. Incluso con una finalidad determinada, la información puede ser mal intencionada.

La opinión de los demás también puede tener muy poco valor por motivos de otra índole, como la falta de criterio por desconocimiento de los hechos o por escasa capacidad de juicio en ese terreno. En otros casos, la visión objetiva de la realidad puede estar deformada por cuestiones de índole afectiva. Predilecciones, afectos, experiencias personales previas, etc., de una tonalidad o de otra, pueden influir decisivamente en la opinión de los otros.

Lo mismo puede decirse cuando las personas consultadas son muy pocas o pertenecen a grupos sociales demasiado homogéneos en algún aspecto, ya que en esos casos la información no es suficientemente variada o puede verse condicionada por ideas o planteamientos demasiado particulares.

En algunas personas la importancia de la opinión de los demás a la hora de valorarse a sí mismas es demasiado importante.

Como consecuencia, pueden tender a agradar excesivamente a los otros, con la intención, más o menos inconsciente, de recibir elogios y comentarios favorables que les sirvan para aumentar su autoestima.

Por consiguiente, tienden a ser excesivamente amables en las relaciones humanas, movidos por una exagerada necesidad de agradar o complacer, que puede resultar incómoda y artificial a los demás. En cualquier caso, se establece una dependencia patológica de las opiniones y comentarios de éstos, que a veces serán a pesar de todo poco favorables, provocando una descompensación de los mecanismos psicológicos de defensa que mantienen un cierto nivel de autoestima.

Por tanto, debe buscarse un equilibrio suficiente entre las diversas fuentes de conocimiento y valoración de uno mismo, ya que cada una, aisladamente, es insuficiente y puede conducir a mecanismos psicológicos inadecuados.

Algunas pautas para tener una personalidad sana y equilibrada

Conocerse a sí mismo

El conocimiento de uno mismo es fundamental para lograr una cierta estabilidad emocional y el equilibrio psicológico. Implica conocer las propias aptitudes y limitaciones, las principales tendencias, hábitos, pautas de conducta, rasgos temporales, intereses, motivaciones, etcétera, y saber comprender e interpretar correctamente las emociones y sentimientos de cada momento.

Sin duda, el conocimiento de uno mismo es más una aspiración que una realidad, ya que difícilmente se llega a un conocimiento absoluto. El hombre puede llegar a conocerse casi por completo, pero siempre surgen en su interior nuevas facetas, aún desconocidas, ya que, en cierto modo, su propia realidad es extraordinariamente compleja e inabarcable y, por otro lado, está expuesta a las modificaciones que supone un desarrollo psicológico evolutivo. No obstante, se puede lograr una aproximación progresiva en el conocimiento de uno mismo, conocerse cada día un poco más, un poco mejor[75].

Buscar un equilibrio entre la razón y la afectividad

La estabilidad emocional viene dada por un equilibrio entre lo racional y lo afectivo, entre el cerebro y el corazón.

Cuando la falta de equilibrio se debe a un predominio exagerado de lo afectivo, suele provenir de una cierta hipersensibilidad emocional, que ocasiona frecuentes vaivenes psicológicos, con reacciones apasionadas y desproporcionadas, junto a sufrimientos innecesarios. En estos casos conviene acostumbrarse a valorar inicialmente los hechos desde un prisma más racional y objetivo, conteniendo la respuesta sentimental hasta que se ha realizado un análisis cerebral de lo sucedido[76].

---

[75] Véase el modo de alcanzar un mayor conocimiento de uno mismo en el capítulo «Cómo conocerse a uno mismo».

[76] Véase el capítulo «Afectividad y racionalidad».

Por otra parte, las personas en las que predomina excesivamente la razón se muestran excesivamente frías y calculadoras, incapaces de tener una participación afectiva en circunstancias que así lo exigen por sus características particulares y por la conveniencia de poder compartirlas con otras personas. Corren el riesgo de llegar a conclusiones, decisiones o comportamientos crueles y equivocados, por desconsideración de las implicaciones o repercusiones afectivas que algunos sucesos puedan tener. En estos casos conviene que, dentro del análisis racional que se realiza ante un estímulo psicológico determinado, se tengan también en cuenta facetas de índole menos práctica y concreta, pero que también tienen su importancia, ya que pueden afectar al área de los sentimientos.

Evitar el aislamiento social

El hombre, al igual que la mayoría de los animales, es social por naturaleza. Necesita relacionarse con los demás para poder lograr un desarrollo adecuado y expansivo de la personalidad, aunque a veces estas relaciones sean fuente de conflictos[77].

El aislamiento social, muchas veces, forma parte de la sintomatología de algún trastorno de la personalidad o de otras alteraciones psicopatológicas[78]. A su vez, muchos de estos trastornos pueden ser consecuencia de haber estado en una situación de excesivo aislamiento. De entrada, puede ser que muchas personas se encuentren mejor evitando relacionarse, pero a medio y largo

---

[77] Véase en este sentido JAVIER DE LAS HERAS, «La vida de relación», en *Guía práctica de psicología,* dirigida por J. A. Vallejo-Nágera (Temas de Hoy, Madrid, 1988).

[78] Véase toda la segunda parte de esta obra.

plazo esto termina resultando psicológicamente perjudicial. Es bueno estar solo de vez en cuando, saber vivir en soledad, pero si ésta es acentuada y prolongada, suele tener repercusiones negativas.

La soledad es un problema que afecta actualmente a muchas personas. Paradójicamente, es en las grandes ciudades donde viven más y donde más solas se encuentran. A veces, puede ser difícil salir del aislamiento. Se crea un círculo vicioso por el cual, al no tratar con nadie, no existe la posibilidad de ampliar el círculo de conocidos. Sin embargo, si se intentan recuperar algunos antiguos amigos, dedicar el tiempo libre a actividades que por sus características faciliten el contacto con otras personas, y se toma la iniciativa con un talante abierto y comunicativo, se puede terminar con la situación de aislamiento.

Canalizar bien la imaginación

La imaginación, mal utilizada, puede ocasionar problemas en la personalidad. Utilizar la imaginación como un modo de evasión de la realidad o para realizar deseos que en la vida real no se pueden satisfacer favorece la apatía, la frustración, la insatisfacción y el alejamiento de la realidad[79]. Sin embargo, bien canalizada, es decir, al servicio de la realidad, la imaginación puede ser muy útil. Sirve para ayudar a la creatividad en cuestiones concretas: obras de arte, el descubrimiento científico, los negocios, etc., o en cosas más sencillas, como encontrar una solución a un problema doméstico, hacer una distribución mejor de los recursos económicos, hacer un plan más original el fin de semana, dar una sorpresa agradable a un ser querido, dar la vuelta a una situación desfavorable, etc.

---

[79] Véase el capítulo «Imaginación y creatividad».

Las personas que saben hacer buen uso de su imaginación aprovechan mejor su tiempo y sus recursos, son más creativas, solucionan mejor sus dificultades y problemas y suelen resultar muy atractivas a los demás. Todo esto facilita la satisfacción personal y el equilibrio psicológico.

Controlar los impulsos y tendencias

El autocontrol de los impulsos y tendencias es esencial para lograr una personalidad equilibrada[80]. Actuar de un modo impulsivo conduce, en muchos casos, a comportamientos equivocados de los que luego, esa persona, se va a arrepentir. Se crean fricciones innecesarias con los demás o decisiones precipitadas e inadecuadas, que ocasionan problemas de difícil solución, con el subsiguiente desequilibrio.

Comportarse siguiendo solamente las tendencias primarias de cada momento, según las apetencias o deseos inmediatos, sin que éstos se vean moderados por un análisis racional de su conveniencia y repercusiones posteriores, suele acarrear consecuencias desafortunadas y, en cualquier caso, esto implica una merma de la libertad individual. No se hace lo que realmente se desea, sino que se actúa de un modo primario, casi meramente instintivo, en contraposición con los verdaderos deseos, intereses y proyectos personales.

Para lograr un mayor autocontrol es necesario frenar el desarrollo del impulso, interponiendo una cierta reflexión, un período intermedio de análisis racional sobre su conveniencia y posibles consecuencias posteriores, que modulara el comportamiento entonces. Al

[80] Véase el capítulo «La capacidad para controlar los impulsos y tendencias».

principio, establecer este hábito puede resultar muy difícil para las personas impulsivas, que actúan a modo de cortocircuito, reaccionando ante ciertos estímulos psicológicos de un modo inmediato y directo; pero si se intenta de un modo continuado, a medio o largo plazo se puede conseguir un suficiente autocontrol.

Educar el pensamiento

Durante el período de educación infantil se suele poner gran interés en corregir las conductas del niño que se consideran incorrectas o inconvenientes para él o para poder desarrollar una adecuada relación con los demás. De este modo se le educa para que sepa identificar los comportamientos que le convienen o no; sin embargo, no se suele prestar tanta atención a la educación del pensamiento, a pesar de que también sea una cuestión importante.

Los pensamientos concretos influyen, muchas veces de un modo decisivo, en nuestros sentimientos, emociones y acciones posteriores. Muchos altibajos de ánimo se ven favorecidos por la aparición espontánea, o como consecuencia de cualquier pequeño suceso, de ideas negativas (pesimistas, de pérdida de autoestima, de incapacidad, de temor o amenaza injustificada, etc.) que producen cambios emocionales y un descenso del estado de ánimo, que a su vez favorecen la aparición de ideas aún más sombrías, creándose un círculo vicioso que causa un hundimiento afectivo progresivo.

Resulta muy difícil actuar directamente sobre estas emociones y sentimientos para modificarlos, por lo que solamente se puede romper el proceso eliminando estas ideas negativas, impidiendo su desarrollo y, cuando es posible, sustituyéndolas por otras de carácter opuesto.

También es importante saber detener el pensamiento en un momento dado. Dejar de pensar en problemas o preocupaciones, para poder descansar psicológicamente. Por ejemplo, es importante dejar de pensar en los problemas del trabajo una vez que éste ha concluido, para ocuparse de otros asuntos diferentes o para relajarse. De otro modo se puede llegar a un estado de tensión casi continuo, con repercusiones psíquicas desfavorables.

Identificar, controlar, eliminar, dirigir, sustituir o desarrollar algunas ideas que surgen espontáneamente, en función de que sean beneficiosas o perjudiciales, favorece extraordinariamente el autocontrol y la estabilidad emocional. Para lograrlo se necesita una educación del pensamiento que permita ejercer este dominio sobre las propias ideas, lo cual se puede conseguir mediante la práctica de técnicas psicológicas específicas[81].

Aceptar la realidad

Negarse a aceptar la realidad es algo tan inútil como perjudicial. Algunas personas se empeñan, consciente o inconscientemente, en negar o reprimir; es decir, enviar fuera de su conciencia algunos hechos de la realidad, porque les resultan insoportables o inadmisables. De este modo, actúan como si la realidad fuese, o hubiese sido, diferente de como a ellos les hubiese gustado, negándose

---

[81] La moderna psicología y terapia cognitiva se ha ocupado especialmente del control del pensamiento, debido a sus efectos terapéuticos en los trastornos de personalidad, neurosis obsesivas, algunas depresiones y muchos otros cuadros psicopatológicos. Existen multitud de técnicas psicológicas que pueden facilitar este autocontrol, algunas muy sencillas, como las de detención del pensamiento o rechazo de ideas irracionales propuestas por Martha Davis (*Técnicas de autocontrol emocional,* Martínez Roca, Barcelona, 1986).

a admitir ciertos hechos, poniéndose más o menos deliberadamente una venda en los ojos para no ver o admitir la evidencia de un hecho doloroso.

Esto dificulta el equilibrio psicológico, ya que los hechos reales presionan periódicamente por salir al mundo consciente, causando una alta tensión psíquica en el intento de volver a rechazarlos, y produciendo desasosiego y desequilibrios emocionales. Además, la negación de la realidad impide que se pueda lograr una adaptación a las modificaciones que se hayan producido en la misma, con lo que sus repercusiones desfavorables suelen ser más acentuadas y prolongadas.

Lo correcto pasa siempre por admitir la realidad, por dura que pueda ser, para después intentar digerirla psicológicamente y actuar modificando algunas de las consecuencias negativas que ésta pueda estar ocasionando en el presente o en el futuro, caso de no ser esto posible, procurando adaptarse a la misma.

Ser tolerante

La tolerancia es una actitud por la cual se tiende a comprender los errores, fallos, limitaciones, defectos, etcétera, de otras personas, evitando continuos reproches o disputas por éstos. Ser tolerante significa poder escuchar opiniones contrapuestas con una actitud de respeto hacia las personas que las expresan. Comprender las equivocaciones de los otros, sin recriminárselas automáticamente. Saber convivir con los defectos de otras personas sin recordárselos continuamente.

Comprender los comportamientos de los otros no siempre significa aprobarlos o justificarlos, sino solamente buscarles una explicación razonable. Esta explicación puede hacer que no sean malinterpretados o dramatizados, dándoles más importancia de la que realmente tienen, con lo que a veces se pueden aceptar, soportar, tolerar.

Las personas equilibradas suelen ser tolerantes. Asumen sus propios fallos y limitaciones, por igual que los de los demás, lo que no es impedimento para intentar superarlos, sino todo lo contrario. Tienen puntos de vista amplios y abiertos a posibles modificaciones argumentales, y no tratan de imponer a la fuerza sus opiniones, sino que se limitan a contrastar sus argumentos en el momento oportuno. Ser tolerante, sobre todo en cuestiones pequeñas, es propio de personas maduras que saben distinguir lo fundamental de lo accesorio, que se muestran firmes en las cuestiones nucleares, pero que no pretenden de los demás, ni de ellos mismos, una perfección imposible.

A veces se confunde tolerancia con permisividad. La permisividad consiste en justificar, permitir y aprobar todo. Ser tolerante no quiere decir que no se expresen los puntos de vista propios, que no se denuncien hechos graves o que no se pongan de manifiesto injusticias o errores sociales. Todo lo contrario. La tolerancia ayuda a comprender los fenómenos humanos con más objetividad, y obliga a tomar una postura activa para conseguir evitar los errores y sus consecuencias.

Contrarrestar los altibajos de ánimo

Controlando los altibajos del estado de ánimo se logra una mayor estabilidad emocional. Para conseguirlo es necesario identificar las ideas negativas que surgen espontáneamente en los momentos de descenso del estado de ánimo, muchas veces en forma de cadenas de pensamientos negativos, de matiz subjetivo e irracional («si esto salió mal, ya todo saldrá mal; y todo saldrá mal porque no sirvo para nada», etc.).

Estas ideas producen un descenso del humor, lo cual da origen a nuevas cadenas de pensamientos aún más negativas que, a su vez, descienden más el ánimo, cerrándose un círculo vicioso que disminuye el humor básico de un modo brusco, profundo y progresivo.

Para evitarlo, el círculo no se puede romper actuando sobre los sentimientos, por lo que es imprescindible combatirlo identificando estas ideas, obligándose a eliminarlas en cuanto aparecen, sustituyéndolas por otras de contenido diferente, o iniciando una actividad que sirva para modificar el curso del pensamiento. Es muy importante, en este sentido, lograr una buena educación del pensamiento[82].

Los descensos del estado de ánimo también son frecuentes en personas emocionalmente hipersensibles, que reaccionan afectivamente de un modo inmediato, casi automático, ante los diversos estímulos psicológicos. Para evitar estos altibajos es necesario interponer en este proceso un análisis racional y objetivo entre el estímulo psicológico y la respuesta afectiva.

Este hábito se puede ir instaurando paulatinamente en la personalidad, de modo que los diversos sucesos de la vida cotidiana (pequeños fracasos, ofensas, pequeñas desgracias, comentarios crueles, opiniones desfavorables de los demás, pequeñas frustraciones, etcétera) no tengan una repercusión desproporcionada, al ser analizados previamente de un modo más objetivo, más a distancia.

Evitar comparaciones excesivas o inadecuadas

La tendencia a compararse excesivamente con los demás, o con personas con las que no cabe comparar-

---

[82] Véase la pauta «educar el pensamiento», dentro de este mismo capítulo.

se, ya que sus características y circunstancias son completamente diferentes, suele resultar perniciosa para la personalidad.

Muchas de estas comparaciones se realizan con personas próximas, valorando exclusivamente algunos de sus aspectos afortunados, cuestiones en las que han tenido más éxito o en las que se han visto más favorecidas por la fortuna, lo cual hace que la situación personal, en ese mismo sentido, se viva como una injusticia por parte de terceros o de la vida misma, o como una prueba más de la escasa valía personal.

Si la situación se vive como injusta es porque se piensa que se poseen las mismas características como para haber logrado lo mismo que la persona objeto de comparación. Si no se ha logrado es por culpa de la sociedad en general, de terceras personas o por falta de habilidad personal. Este sentimiento de injusticia favorece sentimientos de rebeldía y rencor, que pueden dirigirse hacia esa persona concreta, hacia otras implicadas, la sociedad o hacia uno mismo, alimentando los sentimientos de frustración e insatisfacción.

Realmente, ésta es la antesala de la envidia [83], en la que el progreso de los demás se vive como una agresión personal, ya que pone de manifiesto las propias incapacidades o frustraciones, bajo el disfraz de un agravio comparativo.

Establecer lazos afectivos sanos, sólidos y sinceros

Muchas repercusiones psicológicas negativas son consecuencia de unas relaciones interpersonales mal establecidas. Cuando una persona no se muestra tal cual

[83] Véase el capítulo sobre «La envidia».

es, o la naturaleza de la relación está mediatizada por intereses individuales, esas relaciones terminarán siendo conflictivas y frecuentemente frustrantes.

Es importante comportarse con sinceridad, no dar una imagen falseada de uno mismo, para de este modo facilitar que los demás se puedan acoplar a ese tipo de personalidad. Esto no quiere decir que haya que dejarse conocer inmediatamente por cualquiera, ya que podría ser una imprudencia. Solamente hay que procurar dejarse conocer poco a poco, según progresa la naturaleza de la relación, en función de la actitud de cada persona concreta.

Para que la relación sea sana tampoco debe haber meros intereses personales que se oculten bajo la apariencia de una amistad o amor, etc., que realmente no existe. Este tipo de fraudes terminan, a la larga, originando conflictos en ambos y destruyendo la relación, impidiendo que ésta se afiance, se haga más sólida y, por tanto, más rica y fructífera para las personas que la mantienen.

Algunas personas son incapaces de establecer relaciones sanas, sinceras, profundas y estables debido a su incapacidad para dar o recibir afecto, como consecuencia de un trastorno de la personalidad[84].

Desarrollar la voluntad y la constancia

La fuerza de voluntad es una herramienta imprescindible del ejercicio de la libertad individual. Sin voluntad, una persona no es capaz de llevar a cabo lo que realmente desea, quedando a merced de sus tendencias pri-

---

[84] Véase en este sentido la segunda parte de esta obra, especialmente los trastornos de la personalidad de tipo «narcisista», «antisocial», «inmadura», «paranoide», «esquizoide», «esquizotípica» y «borderline».

marias y sus limitaciones. La constancia en cualquier línea de actuación también es imprescindible para poder conseguir el propósito deseado, ya que sin ella muchas tareas quedarán inconclusas, o se abandonarán a la primera dificultad o fracaso.

La voluntad y la constancia son dos capacidades que no se improvisan, deben ejercitarse a lo largo de toda la vida, con su ejercicio cotidiano en pequeñas cosas, para conseguir desarrollarlas hasta un nivel suficiente, que permita el éxito al aplicarlas en esos momentos en que resultan más necesarias[85].

Aceptarse a uno mismo

Supone asumir y admitir los propios defectos, fallos y limitaciones, ser concientes de la realidad personal y aceptarla como un hecho objetivo. Aceptarse a uno mismo implica también quererse, a pesar de aquellas características personales que puedan resultar negativas o desagradables, conociendo que la naturaleza humana implica necesariamente la existencia de imperfecciones.

Quien no se acepta a sí mismo difícilmente puede aceptar a los demás, y ser capaz de dar y recibir auténtico afecto. Los defectos se intentan ocultar y negar, pero resulta imposible lograrlo de un modo continuado, con lo que éstos aparecen inevitablemente a cada poco, constituyendo una fuente inagotable de desasosiego e inseguridad.

Aceptarse a uno mismo, de un modo global, no implica una actitud de resignación, de asumir estos

---

[85] Sobre cómo se pueden desarrollar la voluntad y la constancia, véase el capítulo titulado «La fuerza de voluntad y la constancia», de la primera parte de esta obra.

aspectos negativos como algo inevitable o insuperable. Todo lo contrario. Es el primer paso para intentar superarlos, pero desde una perspectiva objetiva y serena, sabiendo que será un proceso largo y difícil, pero eficaz si se intenta con constancia y se utilizan unas vías adecuadas de superación.

Digerir y superar los aspectos negativos del pasado

En el pasado de casi todas las personas existen hechos o sucesos dolorosos o amargos. El pasado puede convertirse en un pesado lastre que impida el desarrollo de una vida adecuada, libre, expansiva.

Las actitudes nostálgicas o melancólicas, en las que el pasado continúa teniendo una excesiva importancia en el presente, determinando incluso el futuro, son muy desfavorables para la personalidad. Lo mismo puede decirse de sentimientos como el rencor o la venganza. Condicionan imperiosamente la conducta, haciendo que el futuro se desenvuelva fuera de sus márgenes naturales, favoreciendo la amargura, la insatisfacción y la frustración.

Por tanto, es importante intentar que el pasado no limite el desarrollo expansivo de la personalidad, procurando asimilar las experiencias negativas e ir superándolas, evitando rememorar su recuerdo insistentemente, aceptando el hecho indiscutible de su realidad pasada, pero alejándolas del presente, haciendo que se vayan olvidando progresivamente al restarles importancia y relevancia actual.

Una personalidad sana debe estar volcada en el presente y presente-futuro, dentro de una línea de proyección futura suficientemente flexible, no demasiado rígida y concreta, que permita la adaptación a situaciones y circunstancias nuevas e inesperadas.

Intentar ser objetivo

La objetividad consiste en tener una perspectiva realista, libre de influencias que puedan modificarla, deformándola o transformándola.

La afectividad suele ser la gran responsable de la pérdida de objetividad. Los sentimientos, las emociones y, sobre todo, las pasiones transforman la visión de las cosas, adecuándolas a los propios deseos. Surgen nuevos puntos de vista y argumentos que distorsionan la visión de la realidad y la claridad de juicio, lo cual puede llevar a posturas o decisiones equivocadas, de consecuencias a veces catastróficas.

Para ser objetivo hay que procurar ver las cosas a distancia, sin implicaciones personales, como si éstas fuesen solamente con otros; procurando analizarlas racionalmente, con cierta frialdad, buscando los momentos en que no existe apasionamiento y se tiene un estado de ánimo estable.

En muchas ocasiones hay que dejar transcurrir un poco de tiempo para lograr una mayor objetividad, ya que el paso de éste suele atenuar el apasionamiento del juicio, facilitando una perspectiva más realista. También puede ser útil contrastar las propias opiniones con las de otras personas de confianza, que puedan considerarse más objetivas, para intercambiar puntos de vista y obtener otros puntos de referencia.

Saber tomar decisiones

El modo de tomar una decisión, así como la decisión tomada, puede tener importantes repercusiones posteriores, por lo que es necesario saber tomar adecuadamente las decisiones.

Es necesario someter cada decisión a una reflexión y análisis suficiente. Muchas personas, debido a su personalidad impulsiva o a móviles afectivos, toman sus decisiones de un modo precipitado, sin tener en cuenta todos los pros y los contras, sin considerar las consecuencias que pueden acompañar a la decisión tomada, dándose cuenta más tarde de las mismas, cuando, muchas veces, ya no hay remedio para corregirlas. En estos casos es conveniente obligarse a demorar la decisión, con el fin de poder analizar todos los aspectos de la cuestión de un modo más detenido y sereno, fuera del apasionamiento o modificación del estado de ánimo que se puede vivir en un momento dado.

Otras veces el problema es el contrario. Cada decisión se somete a un análisis exagerado, exhaustivo, con lo que suele llegar un momento en el que la enorme cantidad de pros y contras en los que el problema ha quedado desmenuzado impiden optar por nada, surgiendo una situación de confusión e indecisión. Esto es muy frecuente entre las personas inseguras o excesivamente analíticas.

Estas últimas personas deben obligarse a detener el análisis en esos momentos a partir de los cuales están dando demasiadas vueltas a las cosas, ya que de continuar solamente conseguirán ver todo de un modo más impreciso[86], para obligarse a tomar la decisión, a pesar de que sientan que aún no tienen suficiente nivel de certeza. Una vez tomada ésta deben olvidarse de las opciones desechadas, para centrarse plenamente en lograr el éxito en la elegida. Probablemente éstas tengan un nivel de acierto similar, dependiendo más su resultado final del interés y constancia con que se realice el esfuerzo para que den el resultado deseado.

---

[86] Sobre el momento en que debe cesar el análisis de un problema, véase el capítulo «Reflexión y análisis racional».

Asumir adecuadamente las responsabilidades

La responsabilidad consiste en «responder» de nuestros comportamientos, compromisos y obligaciones. Para poder hacerlo es necesario conocer primero lo que los mismos pueden provocar, las obligaciones que se tienen como consecuencia de una situación determinada. Por eso los niños no pueden ser considerados plenamente responsables.

Los comportamientos irresponsables son propios de éstos y de las personas inmaduras[87] o con otros trastornos de la personalidad. Desentenderse de las responsabilidades que incumben a cada persona puede producir, en un primer momento, una cierta sensación de liberación, pero a medio plazo aparecen conflictos externos o internos, que desajustan más la personalidad.

En otros casos la responsabilidad se vive como una carga demasiado pesada. Un exagerado, y como tal patológico, sentido de la responsabilidad puede estar relacionado con un fondo de inseguridad, perfeccionismo o tendencia a los sentimientos de culpa, tal como sucede en las personas obsesivas[88]. En estos casos aparece frecuentemente la ansiedad, incluso por motivos insignificantes, especialmente cuando se tiende a pensar en hipotéticos desenlaces desafortunados que se viven como si ya estuviesen sucediendo en el momento presente.

La responsabilidad de los propios actos, o la que se deriva de las circunstancias personales en el terreno familiar, profesional, etc., debe ser asumida con firmeza y realismo; pero también con naturalidad y sin dramatismo, sabiendo que cabe el error o el fracaso, pero que se hará lo posible por evitarlo. De este modo se

---

[87] Véase el capítulo «La personalidad inmadura».

[88] Véase el capítulo «La personalidad obsesiva».

actúa congruentemente con uno mismo, lo cual facilita la estabilidad interior y el desarrollo armónico y madurativo de la personalidad.

Comportarse con espontaneidad y naturalidad

Para algunas personas puede resultar difícil comportarse de un modo espontáneo y natural en presencia de los demás, o de algunas personas concretas. Esto es especialmente frecuente cuando tratan con desconocidos o acuden a ciertas fiestas o reuniones. En esas circunstancias se sienten tensos, rígidos, bloqueados, incómodos o sin saber qué hacer, convirtiéndose estas situaciones en una fuente de displacer y ansiedad que, incluso, puede llegar a trasmitirse a los demás, con lo que se crea un problema en las relaciones sociales.

La causa de estos fenómenos suele guardar relación con la timidez, la inferioridad, la falta de seguridad en uno mismo o con un escaso desarrollo de las habilidades sociales[89]. Estas personas se comportan así, como si los demás fuesen jueces que continuamente les estuviesen observando para evaluarlos. La inseguridad en ellos mismos, por motivos de personalidad o por falta de habilidades sociales, les lleva a pensar que se van a comportar de un modo inadecuado, con lo que procuran medir todos sus comportamientos de un modo excesivo, que los hace forzados y artificiosos.

Los sentimientos de inferioridad, a su vez, hace que intenten ocultar su realidad personal, que se vive como indigna y vergonzosa, lo que lleva a una exagerada ocultación de uno mismo, acompañada, muchas veces, del

---

[89] Véanse en este sentido los capítulos «La timidez», «Los complejos», «La seguridad en uno mismo» y «La capacidad para expresar adecuadamente lo que pensamos o sentimos», respectivamente.

afán por dar una imagen distinta de la real para intentar, de este modo, ser aceptado por los demás. La timidez puede llevar a un comportamiento excesivamente inhibido y retraído, en el que se mezcla un exagerado afán por pasar desapercibido, con la sensación de no atreverse a nada, por miedo desmedido a resultar inoportuno o molesto a los demás.

Comportándose de un modo sencillo, espontáneo y natural todos estos problemas desaparecen. Al mostrarse relajados infunden confianza en los demás, facilitando que éstos, a su vez, se relajen, con lo que la relación se establece de un modo más sincero y fluido. Al actuar con espontaneidad, además, resulta más fácil ser aceptado por los otros, que disculpan, incluso, alguna pequeña imprudencia, a la vez que se sienten más cómodos en esa compañía. De este modo las relaciones sociales suelen resultar gratificantes, con lo que se tiende a fomentarlas, desarrollándose progresivamente las habilidades sociales.

Para comportarse de este modo es necesario alejar temores infundados sobre la aceptación o no de los demás, desechando de entrada estas ideas y todas las que se fundamentan en una disminución de las propias capacidades o de la autoestima. No hay que pretender ofrecer una imagen de uno mismo distinta de la real, sino simplemente procurar un comportamiento con los desconocidos, particularmente en lo que se refiere a las formas, que sea muy similar al que se tiene con las personas de confianza, cuidando exclusivamente de no resultar indiscreto.

Desarrollar y utilizar el sentido del humor

El sentido del humor es la capacidad para ver el lado cómico de la vida. Hay un humor amargo, satírico, mordaz, que puede resultar hiriente o demasiado incisivo para los demás. Este tipo de humor es el más peligroso. Por el contrario, un humor sano, exento de agresividad, constituye un ingrediente esencial de la personalidad. Una vida sin él se convierte inevitablemente en algo trágico y dramático.

El sentido del humor sirve precisamente para desdramatizar muchas situaciones adversas, a las que, con su ayuda, se les puede dar la vuelta, de tal modo que, perdiendo su fuerza dramática, se les llega a atribuir la verdadera importancia que tienen, evitando de este modo sufrimientos innecesarios o desproporcionados, y algunas de las consecuencias reales que se podrían añadir. Hacer una tragedia de ciertos fracasos da lugar, a su vez, a nuevos reveses de fortuna, precisamente por las modificaciones caracteriales que ocasiona.

Es importante saber reírse de uno mismo, lo cual, además, es un buen índice de salud mental. Reírse de uno mismo supone admitir las propias limitaciones con naturalidad y con realismo, afrontar los reveses de la vida con deportividad, ser conscientes de la ingenuidad de muchos planteamientos; ver, en definitiva, el lado cómico de la vida. Esta actitud favorece la estabilidad emocional y los planteamientos realistas.

El sentimiento del humor, utilizado con acierto, también resulta útil para contrarrestar muchos momentos de tensión en la relación con los demás. Si muchas personas no utilizan con más frecuencia el sentido del humor es simplemente porque no se acuerdan de utilizarlo. Para ellas se ha terminado convirtiendo en algo olvidado, en algo del pasado que ha dejado de estar presente en sus vidas. Esto es un error. El humor sano está tan íntimamente vinculado con la alegría y la esperanza que es difícil que, sin él, éstas existan. Utilizando y desarrollando un adecuado sentido del humor a lo largo de la vida ésta se hace mucho más agradable y llevadera en sus aspectos negativos, tanto para uno mismo como para los demás.

Desechar los planteamientos derrotistas

Los planteamientos derrotistas del estilo de «soy incapaz», «es imposible», «todo saldrá mal», etc., generalmente son exagerados, no estando plenamente justificados desde el punto de vista objetivo.

Estos planteamientos suelen aparecer como consecuencia de un fracaso, de temores desproporcionados como consecuencia de una autoestima baja o de la falta de confianza en uno mismo, propia de las personalidades inseguras. Lejos de resultar de alguna utilidad, sólo sirven para aniquilar la esperanza y sumergir a esa persona en un desánimo que la incapacita para resolver o abordar adecuadamente una situación concreta.

Quien se dice a sí mismo que no será capaz de afrontar adecuadamente alguna situación, lo termina creyendo, y al final, como consecuencia directa de las modificaciones que estas ideas producen, terminará fracasando, con lo que los hechos acabaran dándole la razón, creándose un círculo vicioso por el cual los sentimientos exagerados de incapacidad conducen a una incapacidad real.

Por regla general, el ser humano suele ser capaz de afrontar situaciones más difíciles de lo que él mismo cree. Sustituyendo estas ideas derrotistas por otras de contenido opuesto puede darse ánimos y enfrentarse a ellas con más seguridad y decisión, con lo que es más fácil lograr resolverlas. Esta actitud positiva se ha desarrollado ancestralmente por toreros, artistas, etc., momentos antes de enfrentarse con su actuación, ya que saben que les ayudará al éxito.

Los planteamientos derrotistas deben ser eliminados en las situaciones difíciles e inmediatas. Otra cuestión bien distinta es la que se refiere a planteamientos globales o a más largo plazo. A la hora de planificar decisiones o líneas directrices a seguir hay que procurar considerar con objetividad las propias capacidades y circunstancias evitando caer, por el otro extremo, en comportamientos osados o imprudentes, como consecuencia de una excesiva confianza en uno mismo o de un injustificado optimismo.

Ser discreto

La discreción consiste en una cierta prudencia en el juzgar y en el obrar[90]. Ser discreto implica no hacer juicios precipitados o extremistas sobre situaciones o personas, actuar y expresarse con moderación, evitar comentarios o preguntas que puedan ser comprometedoras, ofensivas o inoportunas, no desvelar confidencias de los demás, guardar para uno mismo, o solamente para ciertas personas, cuestiones de la propia intimidad[91], no realizar afirmaciones aventuradas o mal fundadas, etc.

La discreción no solamente evita muchos conflictos con otras personas, sino que hace a quien la ejercita digno de la confianza y el respeto de los demás. Por si fuera poco, evita correr riesgos innecesarios y exponerse a situaciones comprometidas. El hombre prudente suele pasar por sabio. No en vano se ha utilizado la discreción como sinónimo de inteligencia y sabiduría.

La prudencia es una cualidad que se obtiene generalmente con la madurez de personalidad, aunque se puede desarrollar teniendo más en cuenta los senti-

---

[90] J. CASARES, *Diccionario ideológico de lengua española*, Gustavo Gili, Barcelona, 1971.

[91] Sobre la necesidad de tener una cierta intimidad, véase el capítulo «Elogio de la intimidad» en E. ROJAS, *El hombre light*, Temas de Hoy, Madrid, 1992.

mientos de los otros, aprendiendo a callar ciertas cosas, a obrar sin precipitación, conociendo y respetando a los demás y a uno mismo, a pesar de las debilidades e imperfecciones propias de la naturaleza humana, ampliando los puntos de vista personales, contrastándolos con los de otras personas, con el fin de tener una visión del hombre y de la vida más sólida, flexible y completa.

Desarrollar una suficiente capacidad de adaptación

La vida plantea frecuentemente situaciones nuevas e inesperadas, que exigen a las personas acoplarse a dichos cambios, de tal modo que éstos no produzcan repercusiones negativas, o que éstas sean lo más leves posibles.

Algunas personas con escasa capacidad de adaptación, en vez de intentar desarrollarla, intentan compensar esta deficiencia mediante un exceso de previsión. Pretenden planificar minuciosamente el futuro, de tal modo que no puedan surgir acontecimientos que les desvíen de sus objetivos, o tener soluciones previstas de antemano para corregirlos, caso de que esto suceda. Esto es particularmente frecuente entre las personas inseguras, especialmente entre las que tienen un trastorno obsesivo de la personalidad[92].

Esta estratagema no suele dar buenos resultados, ya que en muchas ocasiones lo imprevisto aparece allí donde menos se espera, con lo que todo ese esfuerzo previsor resulta inútil, produciéndose una sensación de frustración, desesperanza e indefensión frente a los acontecimientos de la vida.

Para desarrollar la capacidad de adaptación a situaciones nuevas es necesario evitar el adelanto de acon-

---

[92] Véase el capítulo «La personalidad obsesiva».

tecimientos, por el cual se vive con anterioridad el desarrollo detallado de cómo deben ir sucediendo los mismos. Cuando alguien «se hace a la idea» de cómo debe ir todo se sentirá frustrado en cuanto algo no ocurre según sus propios planteamientos, generalmente idealizados y excesivamente concretos, cerrándose a toda modificación, no solamente cuando considera que ésta es desfavorable, sino también cuando es simplemente diferente, incluso tal vez mejor.

Como resultado, este aferrarse a algo tan concreto hace que en vez de adaptarse a los cambios, para sacarles el mayor partido posible, se obstinen en continuar intentando sacar adelante los planteamientos iniciales, a pesar de ser difícilmente viables, derrumbándose cuando no son capaces de lograr que se hagan efectivos idénticamente a como los habían imaginado. Es preferible que cada proyecto tenga unos objetivos y líneas directrices generales, dejando los aspectos de detalle para ser acometidos en función de las circunstancias de cada momento, estando preparados para improvisar modificaciones en virtud de las mismas.

Esta capacidad de improvisación, aplicada ante lo nuevo o inesperado, se puede ir desarrollando al ejercitarla a lo largo de la vida, mediante un proceso de aprendizaje a través de sucesivas experiencias, en las que se van estableciendo recursos psicológicos útiles para afrontar sucesos inesperados. Para lograrlo es necesario enfrentarse a éstos con suficiente imaginación y con una mente abierta en la que se consideren suficientes posibilidades de actuación, sin exigir resultados excesivamente concretos.

Por último, también resulta imprescindible saber aceptar la realidad, evitando caer en negaciones de lo evidente, motivadas por el sentimiento de que lo sucedido es doloroso, absurdo, injusto o imprevisible. Aceptar la realidad es el primer paso obligado para intentar buscar una solución, para realizar las modificaciones pertinentes, de carácter interno o externo, que permitan la adaptación a lo sucedido, con la subsiguiente atenuación de sus posibles consecuencias desfavorables.

Evitar análisis excesivos e infructuosos

Muchas veces, darle demasiadas vueltas a ciertas cosas, desmenuzar la interpretación de acontecimientos, analizar minuciosamente cada cuestión, incluso las poco relevantes, conduce a equívocos, ya que se consideran posibilidades remotas y aspectos de detalle irrelevantes que, en vez de resultar beneficiosos, crean una confusión en la que ya no es posible hacer un juicio sencillo y comprensivo de la realidad. Esta característica es frecuente en muchas personas inseguras, particularmente en las que tienen un trastorno obsesivo de la personalidad[93], debido a la asociación de un fondo de inseguridad, con una exagerada tendencia a la duda y al análisis meticuloso.

Para corregir este problema es necesario obligarse a detener el análisis racional a partir de aquellos momentos en los que, a pesar de continuar reflexionando sobre esa cuestión en particular, no se consigue un aumento progresivo del nivel de certeza, sino que, por el contrario, se producen una serie de oscilaciones en el mismo, con tendencia a ir perdiendo perspectiva sobre el problema[94].

Ser suficientemente comprensivo

Muchas veces la relación con los demás se pierde o deteriora por no saber comprender al otro. Ser comprensivo supone ponerse en el caso de él, tomar

---

[93] Véase el capítulo «La personalidad obsesiva».
[94] Véase el capítulo «Reflexión y análisis racional».

conocimiento de los motivos y factores que han podido conducirle a pensar o a obrar de un modo determinado.

Cuando alguien se siente comprendido, porque se le escucha sin prejuicios previos, con un talante abierto, teniendo en cuenta todas estas circunstancias, generalmente se encuentra más receptivo para recibir una opinión, aunque ésta sea desfavorable. Por el contrario, si se siente incomprendido, la postura más común es la de rechazo de la opinión del otro, que se considera automáticamente infundada, parcial y sin elementos suficientes de juicio.

Las actitudes comprensivas favorecen el intercambio de opiniones y estrechan los vínculos afectivos. Sin embargo, no se debe confundir la comprensión con la aprobación de cualquier hecho o planteamiento. Todo lo contrario. Comprender a alguien no implica necesariamente aprobar su forma de pensar o de actuar; es simplemente encontrarle un sentido, que muchas veces puede ser perjudicial o equivocado.

Saber escuchar a los demás

Es esencial para poder mantener un diálogo adecuado con los otros. Requiere, en primer lugar, prestar atención e interés a lo que están diciendo. Además, es necesario no interrumpir, permitir que expresen libremente todo lo que quieren transmitir y preguntar sobre aquellos aspectos que puedan ser confusos o inducir a equívocos.

Saber escuchar es un índice de madurez de personalidad y de respeto por los demás. Facilita la comprensión del otro y sirve para lograr una aproximación afectiva. La postura contraria conduce generalmente a monólogos o a conversaciones estériles y frustrantes, repletas de argumentos inconclusos, que conducen a la pérdida de comunicación, con distanciamiento o rechazo por parte de los demás.

No caer en idealizaciones

Idealizar es otorgar a personas, animales, objetos, situaciones, actividades, etc., cualidades o características que realmente no tienen. Se idealiza lo que no se conoce suficientemente, completándose, de un modo más o menos inconsciente, esas parcelas ignoradas con lo que esa persona imagina o, muchas veces, desea. De este modo se cae en el error de tomar como real lo que es ideal, mero producto de una atribución personal subjetiva.

Caer en idealizaciones suele conducir a errores graves, en los que se termina comprobando cómo la realidad resulta bien distinta de lo que se había supuesto inicialmente. Las consecuencias más características son un estado de profunda decepción y frustración, de la que curiosamente se culpa a lo idealizado, cuando el auténtico responsable no es sino el que ha elaborado esa idealización. El deseo de que alguien o algo sea de un modo determinado lleva a creer que se están encontrando pequeñas pistas que lo confirman, cuando en realidad se trata de datos de escaso valor. Esto es muy característico de algunas situaciones, como el enamoramiento[95].

Para evitar caer en idealizaciones es necesario evitar que la afectividad altere los procesos de objetivación racional, controlando la imaginación y procurando limitarse a considerar las características conocidas, dejan-

---

[95] Véase el capítulo «La personalidad en el amor».

do en blanco la opinión sobre las desconocidas, hasta que se puedan ir obteniendo suficientes elementos de juicio sobre las mismas.

Eliminar los sentimientos de envidia, venganza o rencor

Ya que producen un desasosiego interior y una profunda amargura, que además aleja a quien los experimenta de sus objetivos de vida fundamentales.

La envidia[96] provoca sufrimiento ante los logros de los demás, canalizando la propia energía hacia la destrucción de los otros, en vez de dirigirla hacia la conquista de los objetivos personales. Algo similar ocurre con los deseos de venganza, sumándose además la sensación de impotencia para poder ejecutarla, o la inquietud por el tiempo de espera que pueda requerir.

El rencor es un sentimiento amargo que muchas veces se asocia a los anteriores. Impide el perdón, dificulta la expansión de la personalidad, que queda limitada y condicionada por esas experiencias anteriores.

La envidia, la venganza y el rencor distorsionan profundamente la personalidad. Producen sentimientos de frustración e insatisfacción, incluso cuando se es capaz de lograr el daño que se desea. El éxito solamente sirve para aliviar la tensión causada por ese mismo anhelo, no para obtener satisfacciones auténticas, profundas y duraderas como, por ejemplo, las que proceden de la superación personal.

No estar excesivamente pendiente de uno mismo

Las personas que se vuelcan demasiado sobre sí mismas, permaneciendo relativamente ajenas a lo exterior,

---

[96] Véase el capítulo «La envidia».

dificultan el enriquecimiento de su personalidad, favoreciéndose además el desarrollo de un gran número de trastornos psicopatológicos[97].

La personalidad que se nutre casi exclusivamente de sí misma se empobrece, ya que no recibe suficientes ingredientes renovadores ni estímulos que ayuden a su desarrollo expansivo, pudiendo caer, además, en una pérdida de realidad, en la que solamente tienen importancia los intereses personales.

Para evitar el caer en una excesiva introversión es necesario procurar interesarse más por los demás, por sus logros, problemas, inquietudes o intereses. Fomentar diariamente la comunicación y el intercambio de ideas y experiencias, compartir sentimientos y actividades, estimular los proyectos en colaboración o en equipo. Olvidarse de uno mismo para prestar más atención a la naturaleza, a todo lo que sucede alrededor, como elemento integrante del universo.

Expresar opiniones y sentimientos sin herir a los demás

Es necesario poder expresar en cada momento las opiniones que se tienen respecto de determinado asunto, y los sentimientos propios, si bien en alguna ocasión especial puede ser más discreto no hacer ningún comentario en este sentido. Si se expresan opiniones o

[97] La introversión es una característica de muchos trastornos de la personalidad. Véanse en este sentido «La personalidad narcisista», «La personalidad paranoide», «La personalidad hipocrondríaca», «La personalidad esquizoide», «La personalidad esquizotípica», «La personalidad obsesiva», etc. Además, favorece muchos otros trastornos psicopatológicos, como la depresión, hipocrondría, trastornos por ansiedad, anorexia nerviosa, paranoia, alcoholismo o esquizofrenia.

sentimientos contrarios a los que verdaderamente se tienen, por temor a crear tensión en el ambiente o a herir a los demás, se produce un sentimiento interno de frustración, de traición hacia uno mismo, que dificulta la estabilidad de la personalidad.

Para lograr expresarlos sin crear tensión, herir susceptibilidades o dar lugar a un conflicto, hay que cuidar minuciosamente el modo en que estas cosas se expresan. Este debe ser moderado, comprensivo, sereno, lleno de argumentos sólidos y lógicos, sabiendo escuchar, sin interrumpir al otro, sus puntos de vista contrarios. El tono de voz y los gestos deben demostrar cordialidad, apertura hacia sus opiniones. Se pueden poner de relieve los puntos de concordia, el interés de informaciones desconocidas, los aspectos lógicos de algunas de sus conclusiones, dejando claro que no se pretende llevar razón de entrada ni vencer en una disputa dialéctica, sino simplemente desarrollar un intercambio de opiniones, o aclarar la naturaleza de unos sentimientos.

También se deben evitar puntos de fricción innecesarios, que no modifican lo esencial del planteamiento, procurando además sacar a colación todos aquellos aspectos positivos que se observan en el otro. Esto es particularmente importante. Si al declarar opiniones no coincidentes o hacer apreciaciones que pueden resultar dolorosas para los demás, éstas se acompañan previamente de argumentos coincidentes y de valoraciones favorables, se debilitan las actitudes defensivas de los otros, ya que se aclara, de entrada, que no existe ninguna voluntad de agresión.

Además, se demuestra que la valoración de la situación se está realizando desde un punto de vista global, en el que se considera la totalidad de los aspectos, y no desde una perspectiva parcial o sesgada. Cuando hay que hablar de lo negativo conviene dejar claro, ya por delante, que se es consciente y se recuerda perfectamente todo lo positivo[98].

Cultivar más lo fundamental que lo accesorio

Algunas personas se centran excesivamente en los aspectos superficiales de la tarea que realizan, descuidando, en proporción, los más sustanciales. Esto es típico de los perfeccionistas y del trastorno obsesivo de la personalidad[99] en los que una excesiva minuciosidad aplicada a detalles insignificantes conduce a excesivas pérdidas de tiempo, que podría aprovecharse para actividades que mereciesen más la pena. Incluso algunas tareas realizadas con perfeccionismo empeoran, como los cuadros muy retocados.

El problema tiene consecuencias aún peores cuando lleva a descuidar actividades de mayor importancia. Por ejemplo, un ama de casa excesivamente minuciosa con la limpieza de la casa puede decir a sus hijos que no dispone de tiempo para escuchar sus problemas, y pasar largos ratos limpiando cada rincón con un esmero excesivo e inútil.

Para no caer en este tipo de errores es necesario realizar previamente una distribución racional del tiempo, limitando el que se puede dedicar a cuestiones poco relevantes, obligándose a darlas por concluidas a pesar de que se advierta que podrían ser mejoradas.

Asumir los riesgos necesarios

La vida está llena de riesgos. Es asombroso todo lo que a una persona normal le podría suceder simple-

---

[98] Véase el capítulo «Las habilidades sociales o asertividad».
[99] Véase el capítulo «La personalidad obsesiva».

mente a lo largo de un día cualquiera de su vida; sin embargo, generalmente no le ocurre nada especial, porque aunque muchas cosas son posibles, la probabilidad de que ocurran suele ser pequeña y remota.

Es imprescindible asumir con naturalidad los riesgos que, en mayor o menor medida, acompañan a cada situación, siempre que éstos merezcan la pena. De no hacerlo así las personas se vuelven excesivamente temerosas, incapaces de realizar y adaptarse a las actividades cotidianas de la vida, incluso pueden padecer fobias y otros trastornos psicopatológicos por desarrollar excesivamente los mecanismos psicológicos de huida y evitación [100]. De este modo, por evitar unos riesgos remotos, se corren estos otros, más próximos y generalmente de peores consecuencias.

Por otro lado, también es absurdo correr riesgos innecesarios, es decir, riesgos para no conseguir nada o casi nada. Estas conductas son muy frecuentes entre los adolescentes y las personalidades inmaduras, a veces por desconocimiento del riesgo o falta de responsabilidad [101]. La cuestión estriba en encontrar una proporción entre la probabilidad y gravedad del riesgo en concreto y la necesidad de asumirlo, teniendo en cuenta el beneficio que éste puede proporcionar a corto, medio y largo plazo.

No vivir anticipadamente el futuro

Vivir con anticipación sucesos que van a ocurrir no tiene sentido y crea muchos inconvenientes. Si se trata de algo difícil que no se sabe si se podrá resolver adecuadamente, o de cualquier acontecimiento desagra-

---

[100] Véase el capítulo «El trastorno de la personalidad por evitación».
[101] Véase el capítulo «La personalidad inmadura».

dable, vivir esa hipotética situación casi como si estuviese sucediendo en el presente solamente suele servir para generar una buena cantidad de angustia.

Si ni tan siquiera se trata de algo seguro, sino de posibilidades más o menos remotas, como que le haya ocurrido algo grave a alguien que se retrasa, la ansiedad que se crea está aún menos justificada y suele ser bastante cotidiana, con lo que esa persona se somete a una tensión innecesaria que terminará afectándole psíquicamente.

Tampoco es recomendable la vivencia anticipada de acontecimientos deseados o desagradables. Esto suele ir acompañado de idealizaciones, que hacen que cuando llegue el momento esperado la realidad sea más pobre que lo que se había imaginado, ocasionando desilusión y sentimientos de frustración.

Como pauta general es preferible centrarse en el momento presente, procurando aprovechar lo que nos ofrece, y dejar para más adelante los problemas o satisfacciones que aún no se pueden resolver o disfrutar. Cada momento debe tener su interés y su importancia. Centrarse en el presente facilita una mayor eficacia en esa actividad, un mejor aprovechamiento del tiempo y, en definitiva, ayuda a disfrutar más de la vida; siempre, eso sí, que no se pierda la conciencia de las consecuencias que el comportamiento actual pueda ocasionar en el futuro.

Buscar el lado bueno de las cosas

El pesimismo no consiste solamente en ver las cosas, particularmente el futuro, peor de lo que son en realidad. Muchos pesimistas dicen con razón que son objetivos y que simplemente son conscientes de la realidad. El problema está en que solamente se fijan en una parte de esa realidad.

A los pesimistas se les olvidan los aspectos positivos y se fijan solamente en los negativos, que pueden ser totalmente reales. El error está en que sus juicios se fundamentan en una perspectiva sesgada, parcial, en la que no entra lo bueno o favorable. Como consecuencia se juzga el todo por la parte, sacando pronósticos y conclusiones equívocas. Lo mismo, pero por el motivo contrario, les sucede a las personas demasiado optimistas.

Es importante tener una perspectiva de conjunto, en la que no se olvide el lado positivo de las cosas, ni tampoco el negativo. De este modo se logra estar más cerca de la realidad y ser más objetivo en todo tipo de planteamientos. Al suprimir el subjetivismo que provoca este análisis parcial disminuyen las posibilidades de error y sus consecuencias, se evita el dramatismo y se reacciona ante cualquier situación de un modo más proporcionado, con lo que se consigue una mayor estabilidad emocional.

Afrontar las dificultades

Afrontar las dificultades sin demorar excesivamente su resolución, sin rendirse rápidamente ante ellas. La vida suele estar llena de dificultades. Suelen surgir en cualquier proyecto de un modo más intenso al previsto, o de forma inesperada. Hay que contar con ellas, pero sabiendo que se hará todo lo posible por solucionarlas.

Si no se afrontan, si se aplazan o relegan, las dificultades aniquilan cualquier plan, causando desánimo, desesperanza, frustración, sentimientos de inutilidad y disminución de la autovaloración. Para colmo, favorecen una actitud de excesiva resignación, como consecuencia de una exagerada conciencia de incapacidad y limitación, que propicia que, en lo sucesivo, se abandone todo objetivo que entrañe la menor dificultad.

Por el contrario, cuando éstas se abordan de un modo decidido, directo, con energía, no suelen ser tan difíciles de superar como parece en el primer momento en que se presentan. Esta actitud, casi siempre, conduce al éxito, reforzándose progresivamente los mecanismos de autoestima y superación cada vez que se abordan las sucesivas situaciones difíciles.

Aprender a tolerar los fracasos y frustraciones

La vida está llena de, al menos, pequeños errores, fracasos y frustraciones. Todo el mundo se equivoca en alguna ocasión, fracasa en el intento de lograr algo. Las cosas no siempre ocurren tal como se pensaban o deseaban.

Cuando esto sucede, los niños suelen enfurecerse, coger rabietas, se niegan a admitir que esto pueda haberles sucedido a ellos. Tolerar el fracaso y la frustración significa haber alcanzado una suficiente madurez de personalidad, reconocer las limitaciones propias del ser humano y los derroteros por los que inevitablemente transcurre la vida.

Implica no caer en la ingenuidad de creer que se es prácticamente infalible, capaz de todo o, lo que es peor, que a todo se tiene derecho. Supone una actitud, no de humildad, sino de mero realismo aprendido a costa de toda una serie de experiencias anteriores, que no conduce al escepticismo o al desencanto, sino a una adaptación que se sustenta sobre una tenacidad firme y serena en el logro de los objetivos verdaderamente fundamentales de la vida. Entonces ningún fracaso es absoluto, solamente puede ser parcial. Queda a un lado lo caprichoso, lo accesorio, lo circunstancial, terreno en el que, por otra parte, se desarrollan la mayoría de las frustraciones.

Saber «decir no»

Es decir, negarse a solicitudes de otras personas que resulten inaceptables, por abusivas, inmorales, etc. Ayudar a los demás siempre es una tarea noble, pero la naturaleza de la ayuda puede no serlo. En otros casos, lo que se sugiere puede ser desproporcionadamente gravoso o atentar contra aspectos fundamentales de la vida, conduciendo a comportamientos contrarios a los propios criterios, obligaciones y responsabilidades personales. Hay que saber «decir no» a este tipo de propuestas. A veces puede resultar difícil, debido a la presión que ejercen estas personas, a los vínculos de amistad o jerarquía que se mantienen con ellas, a favores recibidos con anterioridad, o a otras muchas causas[102].

Lo primero es tener claro que verdaderamente la negativa no responde a un planteamiento personal egoísta. Después hay que saber expresarla poniendo de manifiesto abierta y serenamente que no se debe a falta de afecto, interés o voluntad de colaboración, sino a determinados motivos, que deben dejarse claros mediante argumentos sólidos, nítidos y comprensibles. Por último, se le debe ofrecer a esa persona toda la ayuda que se le pueda dar, aunque sea a través de otros cauces o a niveles diferentes.

Tener suficiente paciencia

La impaciencia es una característica propia de los niños y un rasgo de inmadurez de la personalidad[103] que suele crear conflictos en la relación con los demás, al

---

[102] Véase el capítulo «Las habilidades sociales o asertividad».
[103] Véase el capítulo «La personalidad inmadura».

dificultar una espera necesaria o la búsqueda del momento oportuno para decir o hacer algo en lo que otros puedan estar implicados y que, además, dificulta el logro de muchos objetivos. Una cierta capacidad de paciencia es necesaria para poder establecer estrategias a medio o largo plazo, para poder realizar esfuerzos continuados sin que exista una gratificación inmediata, lo cual es imprescindible en la gran mayoría de los proyectos vitales importantes.

La paciencia, por igual que sucede con la voluntad, se desarrolla ejercitándola. Una pauta útil puede ser la de realizar diariamente una serie de ejercicios breves de paciencia, de espera en la obtención o realización de algo que se desea. En un principio es preferible comenzar por ejercicios sencillos y fáciles de cumplir, para pasar después a objetivos más difíciles, si bien con una dosis moderada de dificultad suele ser suficiente para lograr un nivel de paciencia moderado. Lo que sí es muy importante es realizar todos los días, sin excepción, estos ejercicios programados, ya que, al cumplirlo a diario, sirve para mejorar también la capacidad de constancia, problema asociado al de la paciencia en la mayoría de los casos.

Valorarse correctamente

Saberse valorar es conocer objetivamente, de un modo realista, el nivel de las propias capacidades. Tan pernicioso es valorarse excesivamente como no valorarse lo suficiente. Si lo primero puede conducir a comportamientos ingenuos, presuntuosos y arriesgados, lo segundo constituye un fuerte lastre para el correcto desarrollo de la personalidad.

La autovaloración se ve influida, a veces de un modo determinante, por factores psíquicos y socioambientales, así como por algunos sucesos concretos de la vida. Un fracaso, el rechazo de los demás, un comentario despectivo, afirmaciones sobre la escasa valía personal repetidas periódicamente por personas próximas, favorecen una escasa autovaloración, por igual que la depresión, la esquizofrenia residual y muchos otros trastornos psicopatológicos.

Los sentimientos de inferioridad proceden y agravan a su vez una deficiente autovaloración[104]. Las personas inseguras[105] frecuentemente se valoran a sí mismas de un modo irregular, pasando a veces de un modo vertiginoso de la autoidealización a sentir un absoluto desprecio por sí mismos. Esto sucede con frecuencia en muchos trastornos de la personalidad[106].

Para lograr una correcta autovaloración es necesario tener un suficiente conocimiento de uno mismo[107], intentando establecer criterios sólidos, con lo que la idea del propio valor no se verá notablemente modificada por sucesos circunstanciales, cuya significación global nunca puede ser determinante. También hay que procurar autoevaluarse fuera de momentos de descenso del estado de ánimo o de cierta euforia, producidos generalmente por algún suceso reciente, ya que esa particular tonalidad afectiva deformará con facilidad, en un sentido u otro, el juicio crítico que se realiza sobre uno mismo[108]. Por último, y como regla general, hay que tener en consideración que el ser humano suele ser capaz de solucionar y soportar situaciones más graves de lo que él mismo cree.

---

[104] Véase el capítulo «Los complejos».

[105] Véase el capítulo «La seguridad en uno mismo».

[106] Véase toda la segunda parte de esta obra, particularmente los siguientes capítulos: «La personalidad narcisista», «La personalidad histérica», «La personalidad dependiente», «La personalidad inmadura», «La personalidad inestable» y «El trastorno de la personalidad por evitación».

[107] Véase el capítulo «¿Cómo conocerse a uno mismo?».

[108] Véase el capítulo «El estado de ánimo».

Evitar crearse necesidades superfluas

Toda necesidad implica una pérdida de libertad, ya que provoca un condicionamiento de las decisiones de la persona necesitada, dificultando que pueda llevar a cabo sus auténticos propósitos. Algunas necesidades son propias de la naturaleza humana (comer, dormir, etc.), pero la gran mayoría son adquiridas, suponiendo una merma de la libertad individual y una fuente de conflictos y desajustes psicológicos.

El consumismo, la exagerada necesidad de poseer cosas, que realmente son innecesarias, puede llegar a esclavizar al hombre, que deja atrás actividades más importantes, o un mejor aprovechamiento de su tiempo, por conseguir algo que no merece la pena y que no produce satisfacciones profundas. Por tanto hay que evitar crearse necesidades, disfrutando de las cosas sin que éstas lleguen a hacerse imprescindibles, dejando que sean un medio al servicio del hombre y nunca una finalidad en sí mismas.

Por último, la pérdida de libertad puede deberse al tipo de relación que se establece con el objeto poseído. En ocasiones se invierte la relación de pertenencia, de tal modo que el propietario es pertenecido por el objeto, al que dedica buena parte de su tiempo, intereses e inquietudes, obteniendo, en realidad, una pérdida de libertad como consecuencia de esta relación anómala de pertenencia [109].

---

[109] Tal como describe A. Polaino-Lorente, en algunos casos, la relación hombre-cosa se enajena al sucumbir el ser del hombre al servicio del ser de la cosa. El hombre se desnaturaliza y reifica a cambio de personificar y desnaturalizar el ser de la cosa. La cosa se reviste entonces —errónea y forzadamente, violentando su naturaleza— con los atributos propios de la persona. El poseedor «dimite de sí mismo» y se deja poseer por la pertenencia. El poseedor no incrementa su libertad ayudado por el servicio que le presta la cosa poseída, sino que su libertad se enajena en la pertenencia, a la que dispensa su tiempo mejor y sus mejores energías (*La agonía del hombre libertario*, Ediciones de la Universidad de Piura, Madrid, 1987).

No dar demasiada importancia al «qué dirán»

Es cierto que la opinión que sobre nosotros tienen otras personas constituye un elemento más de juicio para valorarse y conocerse a uno mismo[110], a la vez que orienta sobre la integración personal dentro de la sociedad. Un buen consejo puede ser de gran ayuda para contrastar el punto de vista personal, antes de tomar una decisión importante. Sin embargo, con frecuencia estas opiniones son dispares, dependiendo de quién, sobre qué y en qué momento opina; por lo que no se pueden tomar según van llegando, como directrices fundamentales de la conducta personal, ya que hacerlo llevaría a un absurdo y constante cambio de rumbo.

Hay que desarrollar criterios personales sólidos y aplicarlos a la vida cotidiana, al margen de la mayoría de las opiniones que puedan causar. De entre éstas, solamente se les debe dar valor a aquellas que proceden de personas con suficiente capacidad de juicio crítico, que conocen el tema del que hablan y que además actúan de un modo bien intencionado y al margen de intereses o condicionamientos personales. Estas opiniones sí son muy valiosas, a pesar de lo cual, solamente deben tener un valor orientativo, de contraste o afirmación del criterio personal. En algunos casos pueden llevar a una rectificación, pero ésta siempre debe ser propia, fruto de un libre y último análisis interno.

Cuando alguien está convencido de que obra como debe, ya que se trata de algo suficientemente meditado y contrastado, no tiene sentido modificar su línea de actuación por lo que puedan decir los demás. Debe ser congruente con su criterio y aplicarlo mientras conti-

---

[110] Véase el capítulo «¿Cómo conocerse a uno mismo?».

núe convencido de que es lo mejor que puede hacer, a pesar de que suscite comentarios contrarios o molestos por parte de algunas personas.

Ser independiente

Debemos depender lo menos posible de otras personas, tanto en los aspectos puramente materiales como en los psíquicos.

La independencia implica poder salir adelante, si es necesario, solamente por uno mismo. Tener capacidad de decisión, de asumir responsabilidades, de afrontar las situaciones difíciles, etc., sin que la ayuda de otras personas resulte absolutamente imprescindible. Tener criterios propios, no impuestos por otros como consecuencia de influencias o de necesidades. Poder pensar y obrar con libertad y, por tanto, poder ser verdaderamente uno mismo, tener margen de maniobra para intentar llevar a cabo, en la vida, un proyecto personal.

Ser independiente exige dedicación, trabajo y esfuerzo. Es importante conseguir una autonomía económica para no verse mediatizado por cuestiones de tipo material. La independencia psíquica se logra simultáneamente a la madurez de la personalidad. Requiere formación y experiencia, que ayuden a estructurar un juicio crítico capaz de sustentarse en opiniones, criterios y valores sólidos, que no se derrumben ante la menor influencia externa. La afectividad, para lograr ser independiente, debe estar más orientada a dar afecto a los demás que a la necesidad de recibirlo.

No hay que confundir independencia con individualismo. Este último evita a toda costa cualquier vinculación en proyectos con otras personas, creyendo erróneamente que de este modo pone a salvo su independencia y su libertad, cuando lo que hace realmente es no ejercerla.

La independencia permite, incluso facilita, que se puedan contraer vínculos, obligaciones o compromisos con proyectos, personas, instituciones o grupos sociales; siempre que éstos se establecen adecuadamente y desde una postura inicial de libertad, como mero uso de la misma. Entonces no existe pérdida de independencia, sino que ésta es parcialmente compartida, mediante una renuncia voluntaria a ciertas atribuciones puramente individuales, necesaria para lograr determinados fines[111].

Comportarse con suficiente solidaridad

El hombre vive en sociedad y no puede prescindir completamente de los demás, estar completamente ajeno a lo que les ocurre, desentendido de todo fenómeno social, porque éstos terminarán repercutiendo inevitablemente en él, antes o después.

Una mínima sensibilidad y participación social es natural y necesaria. Lo contrario es pretender negar una situación de hecho, clausurando una vía de desarrollo y expansión de la personalidad que a la larga suele conducir a una amarga soledad completa y auténtica, a una sensación de profundo vacío en la que la vida termina perdiendo todo su sentido.

Buscar cauces donde desarrollar las propias capacidades

Aunque pueden existir ciertas limitaciones como consecuencia de factores constitucionales o enferme-

---

[111] Sobre la necesidad de la solidaridad véase A. POLAINO-LORENTE, *La agonía del hombre libertario. Claves antropológicas para la comprensión del hombre contemporáneo,* Ediciones de la Universidad de Piura, Madrid, 1987.

dades[112], la mayoría de las capacidades y habilidades personales se pueden incrementar a lo largo de la vida hasta niveles muy superiores a los de partida.

Se pueden desarrollar la inteligencia, la memoria, la capacidad de concentración, la voluntad, la paciencia, la constancia, las habilidades sociales, las destrezas motoras, la fuerza física, la resistencia al esfuerzo, etc., existiendo vías específicas, dependiendo de cada caso, mediante las cuales se pueden conseguir. En líneas generales, toda capacidad aumenta con el adecuado ejercicio de la misma.

Llevar esto a cabo tiene dos beneficios fundamentales. El primero es obvio: al aumentar esa capacidad, será mayor su rendimiento aplicado a cuestiones concretas de la vida. El segundo consiste en la profunda satisfacción personal, que siempre aparece en el hombre cuando comprueba que ha logrado superarse en alguna faceta concreta.

Compartir con los demás suficientes sentimientos y experiencias

El hombre necesita comunicarse lo suficiente, intercambiando con otras personas la expresión, sus sentimientos y sus sensaciones. Esto hace que se produzca una mayor y mejor conexión entre ambas personas.

---

[112] Desde el momento del nacimiento hay personas que poseen una mayor o menor capacidad en determinado sentido. Sin embargo, todos pueden ejercitar éstas de modo que se pueda lograr aumentarlas, incluso cuando se padece una limitación importante en algún aspecto como consecuencia de una enfermedad, congénita o no. De hecho, muchas personas bien capacitadas inicialmente se ven superadas por otras, que, partiendo de niveles inferiores, han sabido ir desarrollándolas progresivamente a lo largo de su vida.

Resulta especialmente importante compartir las vivencias agradables. De este modo se sugieren al otro matices o características que podrían haberle pasado desapercibidos, se induce en él una actitud abierta y receptiva hacia los aspectos más positivos o atractivos de esa situación, con lo que se produce un ensanchamiento o ampliación de su poder gratificante. Se crea entonces una interacción mutua y recíproca, que estimula la satisfacción por lo compartido y también la vinculación afectiva entre ambos, incluso tiempo después, a través del recuerdo.

Aprender a «saber querer»

Muchas personas «quieren», pero no «saben querer». Querer a otros no es más que sentir cierto afecto por ellos. Algunas personas piensan que esto es suficiente y que justifica casi cualquier actitud. Cuando les reprochan algo, aluden al gran afecto que sienten por esa persona, pensando que esto es suficiente disculpa y explicación. En estos casos la relación que se establece puede ser inadecuada y terminar provocando sentimientos de frustración.

La explicación hay que buscarla en que este amor no es tal. El auténtico amor pasa por desear la felicidad del otro, haciendo todo lo posible por lograrla. Es necesario saber querer, es decir, aprender a conocer lo que al otro le agrada y conviene, procurando llevarlo a la práctica. Entonces la relación produce más satisfacciones en ambas personas, facilitándose un estrechamiento progresivo de los lazos afectivos.

Evitar un excesivo relativismo, indiferencia o escepticismo

Se puede caer en la pasividad, en el desánimo, en la desmotivación, en la falta de criterios y objetivos concretos. No se puede dar el mismo valor a lo general que a lo excepcional. No es todo igual, ni todo da igual. Siempre existen mayores o menores intereses y diferencias. Tampoco es todo relativo. Estas afirmaciones son más teóricas que prácticas, fruto muchas veces del desengaño, de planteamientos quiméricos, de querer «todo o nada».

La vida se compone esencialmente de cuestiones concretas que se le presentan a cada hombre en el día a día. Para resolverlas adecuadamente es necesario evitar planteamientos exageradamente relativistas, ya que conducirían a posturas demasiado tibias y pasivas, a falta de resolución, al abandono indiferente. Después los resultados sí que son concretos y objetivos y condicionan, de hecho, el desarrollo de cada vida.

No olvidar lo importante por el apremio de lo urgente

El tipo de vida actual puede llevar, en muchos casos, a tener muchas pequeñas cosas que resolver, que acaparan completamente la atención y dedicación, favoreciendo que las auténticamente importantes queden pospuestas o relegadas, en la práctica, a un segundo plano. Como consecuencia éstas pueden quedar relativamente abandonadas, lo que a la larga favorece el fracaso existencial.

Para no caer en esta trampa es necesario realizar periódicamente una reflexión que sirva para calibrar con objetividad lo que en la vida merece realmente la pena. Descubrir si esto se está cuidando y desarrollando suficientemente o si, por el contrario, la vida se está desviando hacia cuestiones más superficiales y accesorias, distanciándose de los objetivos verdaderamente fundamentales para, en ese caso, retomar la orientación adecuada.

Buscar la moderación, evitando reacciones desproporcionadas o extremistas

Éstas delatan una personalidad desequilibrada y a su vez facilitan que se acentúe aún más dicho desequilibrio, ya que implican una falta de control emocional que permite los comportamientos explosivos y las consecuencias conflictivas que generalmente se derivan de ellos.

Esta moderación puede lograrse si antes de reaccionar procura realizar una valoración objetiva de lo sucedido y aplicar después un comportamiento más racional, práctico y objetivo. Además, es necesario corregir las principales causas de este tipo de reacciones: la hipersensibilidad emocional, la impulsividad, la agresividad, los juicios precipitados y apasionados, la intolerancia a la frustración, las ideas sobrevaloradas, etcétera, a la vez que se intenta ser más tolerante, discreto y asertivo[113].

Saber apreciar, valorar y recordar lo que se tiene

Hay que evitar caer en el error de estar exclusivamente pendiente de lo que falta, de lo que no se consigue obtener. Esta postura, en la que no se valora lo que se posee, mientras que se da una importancia exagerada, acaparando toda la atención, a aquello que no se logra tener, es propia de los niños y de las personalidades inmaduras, y suele conducir a una permanente insatisfacción, excesiva o injustificada desde el punto de vista objetivo.

Es necesario recordar, tener siempre presente ante las adversidades, fracasos y frustraciones, el resto de las cosas buenas que aún permanecen accesibles, aquellos

---

[113] Véanse las pautas correspondientes.

terrenos en los que todo va bien, para no perder la perspectiva de conjunto y ser capaz de continuar apreciando y disfrutando de esos aspectos positivos de la vida.

No demorar excesivamente las obligaciones ineludibles

De este modo se corre el riesgo de que éstas terminen por no poderse llevar a cabo, porque se acumulen, porque surjan imprevistos o simplemente por falta final de tiempo, con las correspondientes consecuencias negativas.

Por otra parte, las obligaciones pendientes crean en muchas personas un cierto desasosiego interior, una inquietud que no desaparece hasta que se realizan, que puede llegar a trasformarse en auténtica ansiedad, a condicionar el desarrollo de otras actividades o la capacidad para disfrutar del tiempo de ocio.

Es por tanto preferible concluir con este tipo de obligaciones cuanto antes. De este modo es más fácil que se puedan resolver adecuadamente y, además, se evita la interferencia en otras actividades que puede ocasionar toda cuestión pendiente.

Mantener los lazos afectivos

La amistad, el amor, los vínculos afectivos familiares se debilitan o pierden, muchas veces, sin que exista ningún conflicto o problema que lo justifique, sin una causa concreta, simplemente porque no se hace nada por mantenerlos, con lo que se les deja morir.

Son lazos afectivos que se desatan por abandono, que se cree que permanecerán siempre igual, pero que, en un momento dado, cuando se quiere acudir a ellos, se encuentran profundamente debilitados, muchas veces con carácter irrecuperable.

Para que esto no suceda es necesario ocuparse de ir manteniéndolos con cuidados periódicos en cantidad y cualidad. Hay que procurar, a pesar incluso de algunas circunstancias más o menos difíciles, no dejar de ver a estas personas con suficiente frecuencia, aceptar la mayoría de las actividades en común que propongan y tomar una postura activa, que demuestre interés por continuar manteniendo con ellas ese tipo de relación.

Evitar amenazas, críticas, agravios o discusiones innecesarias

Muchas veces éstas no tienen ningún objeto, y solamente sirven para deteriorar las relaciones que se mantienen con esa persona.

Discutir por el mero afán de llevar a alguien la contraria, no por realizar un sereno contraste de opiniones, puede esconder un afán de autoafirmación o incluso una agresividad de trasfondo, que solamente conduce, a largo plazo, a la incomunicación y distanciamiento afectivo con los demás.

Los agravios, críticas y descalificaciones dirigidas a los otros, especialmente cuando son exagerados o se utilizan formas y expresiones cargadas de afectividad o agresividad, resultan muy hirientes, provocan actitudes defensivas y de rechazo, favoreciendo solamente sentimientos como el rencor. Algo similar sucede con las amenazas. En este caso se añade al rencor una cierta sensación de inseguridad y peligro referida a la persona que las profiere, que genera en quien las recibe una agresividad defensiva o incluso vengativa.

Es preferible, por tanto, evitar este tipo de comentarios, salvo que sean estrictamente necesarios. En ese caso es imprescindible dar argumentos de peso con serenidad y cordialidad, cuidando las formas, evitando toda agresividad, demostrando al otro que la finalidad de las críticas o de las opiniones diferentes que se exponen no es otra que el afán por aclarar o corregir una situación que se considera injusta o inadecuada, prevenirle de algo que tal vez no haya advertido, de las consecuencias que pueden sobrevenir debido a ciertos comportamientos, etc., pero siempre con la intención de mejorar la relación entre ambos o de evitar que se deteriore.

Saber improvisar

En muchas ocasiones las cosas no suceden tal como se habían planeado. Cuando esto ocurre se puede llegar a una situación de desconcierto en la que se produce un bloqueo, al no poderse llevar a cabo los planes previstos inicialmente, seguido muchas veces de sentimientos de frustración. Este hecho es frecuente en las personas excesivamente previsoras y particularmente entre las personalidades obsesivas[114].

Es necesario desarrollar una cierta capacidad de improvisación para saber reaccionar adecuadamente ante hechos inesperados. Esto implica una actitud creativa que huya de modelos prefijados. Desde luego, la imaginación y la capacidad para decidir rápidamente juegan aquí un papel importante, pero también es necesario evitar los planteamientos demasiado rígidos por los cuales se pretende que todo se desarrolle, incluso en cuestiones de detalle, según un plan preconcebido.

Solamente se debe planificar el hecho sustancial, adaptando lo accesorio a la naturaleza de las circunstancias. No es cierto que el éxito vaya a depender de toda una cadena de pequeños sucesos predeterminados, ya que generalmente muchas circunstancias diferentes

---

[114] Véase el capítulo «La personalidad obsesiva».

permitan lograr la finalidad esencial, siempre que el plan y su creador sean lo suficientemente flexibles como para saber adaptarse a las mismas.

Evitar las continuas reflexiones existenciales

En la vida es necesario ponerse a pensar, de vez en cuando, en las clásicas reflexiones existenciales: quiénes somos, adónde vamos, etc. Éstas pueden ayudar a un mejor conocimiento de uno mismo y a dar una orientación correcta a la propia existencia. Sin embargo, cuando son excesivamente frecuentes, no tienen objeto y lo que favorecen realmente es una profunda desorientación.

No tienen objeto, porque es necesario que pase un cierto tiempo en el que se hayan producido suficientes transformaciones que justifiquen una nueva reflexión. Producen desorientación, porque al no haber nuevos elementos de juicio se vuelven a analizar continua e inútilmente los mismos, a los que se añaden otros superficiales, entrándose en planteamientos subjetivos y excesivamente teóricos, que más que aproximar a la realidad personal producen un alejamiento de ella.

Tampoco se debe realizar este tipo de análisis inmediatamente después de un suceso dramático, o cuando se está en una situación de inestabilidad emocional, ya que las modificaciones del humor básico alteran notablemente la perspectiva con que se realizan estas reflexiones, llevando fácilmente a conclusiones equivocadas.

Respetar a los demás

Esto significa no olvidar en ningún momento la dignidad que merece todo ser humano. Muchas relaciones amorosas, familiares, de amistad, etc., se destruyen debido a un deterioro progresivo del respeto mutuo[115], como consecuencia de su olvido a través de una convivencia estrecha y prolongada. Cuando esto sucede es muy difícil recuperar el grave daño causado en la relación.

Respetar a los demás es, en cierto modo, respetarse a uno mismo, ya que lo contrario atenta, por definición, contra la dignidad propia. Por esto respetar a los demás facilita, a su vez, el ser respetado por ellos y, en cualquier caso, es el mejor argumento para exigir, si fuese necesario, ese mismo respeto.

Evitar los comportamientos demasiado confiados o una excesiva suspicacia

Depositar una confianza plena en cualquier persona, a pesar de no conocerla, de que no se tenga de ella la menor referencia, es una imprudencia que puede traer consecuencias fatales y causar profundos desengaños. Por el contrario, la desconfianza excesiva y sistemática impide la realización de muchos proyectos, conduce a un cierto aislamiento y alerta a los demás, creando en ellos, a su vez, desconfianza hacia el desconfiado.

Aunque siempre existe un riesgo, es imprescindible confiar en los demás de un modo prudente y proporcional, dependiendo del conocimiento que se tiene de cada persona en concreto, de su respuesta en situaciones anteriores y de las circunstancias que rodean ese momento determinado.

No caer en autojustificaciones infundadas

Los errores, fracasos, comportamientos inadecuados, etc., pueden siempre justificarse en función de los demás, la suerte, lo imprevisible, las circunstancias del

---

[115] Véase el capítulo «La personalidad en el amor».

propio carácter, como si se tratase de algo inevitable e inmodificable.

No se puede justificar todo, arrojando fuera sistemáticamente la responsabilidad personal que pueda estar implicada en este tipo de sucesos, ya que esto impide la rectificación, ante situaciones similares que puedan producirse en el futuro, con lo que es muy fácil que vuelvan a repetirse las mismas equivocaciones y por tanto los mismos resultados. Es necesario analizar objetivamente la participación personal en lo sucedido, para intentar corregir en el futuro los fallos que hayan podido favorecer esas consecuencias indeseadas.

Asumir las dificultades y la dureza de algunos aspectos de la vida

Se debe asumir el dolor, el envejecimiento, la enfermedad, la muerte, los riesgos comunes, las limitaciones del ser humano, etc., tanto propias como ajenas. Negarse a aceptarlas es una actitud irracional e inútil. Es necesario combatirlas en la medida de lo posible, pero sabiendo que son características ineludibles que hay que asumir e intentar adaptarse a ellas cuando hacen acto de presencia.

No vivir como propios los problemas ajenos

Cuando alguien próximo o querido tiene algún problema importante, es positivo y natural intentar ayudarle. Sin embargo, esta ayuda no debe llegar hasta el punto de intentar resolverlo por él. Se pueden dar ideas, sugerencias, facilitar el desarrollo de la solución del problema, pero no llegar hasta el punto de asumir personalmente lo que es una responsabilidad ajena, decidiendo por el otro. Esto supondría una sobrecarga y una interferencia, que no suele dar buenos resultados y, además, puede llegar a ocasionar conflictos entre ambas personas.

Toda ayuda o asesoramiento debe hacerse respetando la opinión y las decisiones de la persona directamente implicada, siempre que se trate de un adulto que está en su juicio, dejando que siga en sus manos la responsabilidad de resolver su problema, incluso a pesar de que se considere que está en una línea equivocada. En ningún caso son otros los que deben resolver, decidir, preocuparse o equivocarse por esa persona, a pesar de que estos comportamientos procedan de la mejor de las intenciones.

Diferenciar bien entre medios y finalidades

Los medios son vías a través de las cuales se puede lograr un fin, es decir, un objetivo primordial de la vida. El error más común consiste en considerar como un fin lo que realmente no pasa de ser un simple medio.

Por ejemplo, en la sociedad consumista actual algunas personas parecen considerar la obtención del dinero como una finalidad de su vida, y no como un medio, por lo que llegan a sacrificar auténticos fines para lograr su obtención. Se puede dar la paradoja de que alguien, de un modo más o menos consciente, renuncie por dinero a su propia felicidad.

Como consecuencia, los auténticos fines quedan descuidados, se vive orientado hacia el logro de objetivos que son solamente medios, y cuando éstos se logran, no producen la satisfacción esperada, decepcionan, se descubren entonces como lo que son, de escaso valor, sin los falsos atributos que se les había otorgado, poniendo de manifiesto al hombre su fracaso existencial como consecuencia del error cometido.

Evitar una vida excesivamente monótona o rutinaria

Se puede caer en la monotonía poco a poco, sin darse apenas cuenta, como consecuencia de una cierta pereza, pasividad, comodidad o desinterés; o bien, por falta de imaginación para iniciar nuevas actividades o pequeños detalles que introduzcan suficientes novedades en el «día a día».

Una vida excesivamente monótona suele conducir al aburrimiento, empobrece las relaciones con los demás y termina provocando una sensación de profunda insatisfacción. Es necesario procurar introducir pequeños cambios que generen nuevos alicientes en las actividades más cotidianas, y planificar otras de carácter más excepcional o extraordinario a más largo plazo, que constituyan una ilusión y un estímulo en el presente, a la vez que sirvan de referencia para contrarrestar la posible rutina diaria.

No intentar aparentar lo que no se es

Esto es relativamente frecuente entre personas que, de un modo generalizado o esporádico, no se atreven a mostrarse tal cual son, por miedo a ser rechazadas por los demás. Generalmente se debe a la falta de confianza en sí mismas que causan algunos sentimientos de inferioridad, que pueden ser permanentes (y generalmente injustificados) o producidos circunstancialmente por una situación social concreta. Este mecanismo de defensa no suele dar buenos resultados sino que, por el contrario, termina provocando precisamente lo que se intenta evitar.

Al intentar aparentar lo que no se es, estas personas suelen sentirse tensas, comportándose con poca naturalidad, lo cual dificulta el contacto interpersonal. Cuando no es así, corren de todos modos el peligro de terminar quedando, antes o después, desenmascaradas y por tanto descalificadas.

Por otro lado, si logran ser aceptadas, lo achacan a sus falsas apariencias, lo cual no aumenta su autoestima, sino que afianza en ellas la idea de que lo han sido debido a su estratagema. Esto perpetúa su escasa autovaloración y la tendencia a continuar utilizando este mecanismo defensivo, cerrándose un círculo vicioso.

Cuando una relación establecida así se desarrolla a medio o largo plazo es completamente inevitable que surja la realidad de fondo. El otro se siente engañado y defraudado, no por las características en sí mismas de la realidad encubierta, sino por el fraude llevado a cabo. Además la naturaleza con que se ha ido estructurando esa relación se resiente, ya que está repleta de ingredientes falsos. Estas circunstancias terminan generando un conflicto que equívocamente se achaca a la realidad encubierta, cuando verdaderamente se debe al mero hecho del encubrimiento. Se afirman aún más los sentimientos de inferioridad, potenciándose ese círculo vicioso.

Mostrarse tal como realmente se es, con la natural discreción y guarda de intimidad que implica cada nivel de relación, facilita extraordinariamente el ser aceptado por los demás, pudiéndose iniciar relaciones francas, sencillas y sinceras, con posibilidades de un adecuado desarrollo posterior. Además, la aceptación facilita un aumento real de la autoestima, ya que se realiza sobre elementos auténticos. Es cierto que en algunos casos, los menos, ésta puede no producirse debido a factores psicológicos individuales de incompatibilidad, o a elementos circunstanciales. Es un hecho normal para todos, al que no se le debe dar mayor importancia.

No entramos aquí en casos bien diferentes, en los que el móvil del intento de aparentar lo que no se es se debe simplemente a la pretensión de lograr, mediante este engaño, algún provecho personal concreto.

Ser suficientemente comunicativo

Especialmente con las personas más próximas y queridas. Un cierto nivel de comunicación es imprescindible por el desahogo o catarsis que produce ante situaciones difíciles o angustiosas. No es cierto que se deban ocultar siempre los problemas a las personas más íntimas con el fin de no preocuparlas inútilmente. Si ellas no tienen una cierta idea de la situación, difícilmente pueden entenderla y, por tanto, mostrarse comprensivas.

Es difícil llegar a una verdadera unión afectiva con los demás si no existe una suficiente comunicación a través de la cual se puedan compartir sentimientos, experiencias y cuestiones de cierta profundidad psicológica. Ésta es imprescindible para dejarse conocer lo suficiente, permitiendo a los demás adaptarse mejor a la propia personalidad y al estado de ánimo de cada momento.

Dominar la capacidad de sugestión

Mediante la sugestión se pueden inducir en el organismo cambios importantes, tanto en su vertiente psíquica como en la física o somática. Estas modificaciones pueden ser en algunos caso favorables, pero en otros resultan muy perjudiciales.

Las influencias sugestivas pueden proceder del exterior, generalmente de otras personas, o bien de uno mismo. Dominar la capacidad de sugestión implica ser invulnerable a su influjo negativo, con lo que se logra evitar sus efectos indeseables y, además, ser capaz de sugestionarse a uno mismo, cuando esto pueda resultar beneficioso para conseguir un objetivo concreto.

Para lograrlo, cuando la sugestión procede del exterior, es necesario mantener en todo momento la calma, buscando una perspectiva puramente racional e individual, que no se vea alterada o modificada por sensaciones inusuales que dicen experimentar los otros, vivencias de amenaza injustificadas, opiniones o descripciones irracionales, tentativas más o menos ocultas de inducción, etc. Cuando procede de uno mismo, es necesario modificar el pensamiento eliminando las ideas sugestivas negativas por otras de contenido contrario. Mediante una adecuada autosugestión se puede lograr aliviar el dolor y mejorar muchos síntomas psíquicos[116].

Evitar sufrimientos o impactos emocionales desagradables, que sean innecesarios e inútiles

Muchos sucesos de la vida crean una cierta tensión que, en algunos casos, puede llegar a ser una sobrecarga para el sistema nervioso que favorezca la aparición de ciertos trastornos psíquicos. También pueden tener un efecto traumático perjudicial para la personalidad.

La sociedad actual, y en particular los medios de comunicación audiovisual, ofrecen numerosas imágenes e informaciones reales o ficticias sobre sucesos morbosos, trágicos, inquietantes o terroríficos, que pueden

[116] Véase el capítulo «La sugestionabilidad».

impactar negativamente, no sólo a los niños, sino también a los adultos más sensibles a estas cuestiones.

Hay que afrontar los aspectos duros o desagradables de la vida propia y ajena, pero solamente si es con la finalidad práctica de conocerlos para intentar aliviarlos o resolverlos. Tan perjudicial es negar, no querer ver el lado duro de la realidad, como recrearse en lo morboso o someterse a impactos emocionales dolorosos de cualquier orden, si no es con el fin de intentar ayudar a prevenir o paliar los efectos de esas tragedias.

Confiar lo suficiente en uno mismo

Una dosis suficiente de confianza en uno mismo es imprescindible para poder acometer ciertos proyectos y solventar muchas dificultades. Este nivel de confianza debe proceder de un buen conocimiento propio, que aporte datos objetivos sobre cada una de las capacidades y limitaciones, de tal modo que permita enfocar cada problema o situación con realismo. Evitando caer en una sensación injustificada de limitación o, por el contrario, en una hipervaloración de las aptitudes o capacidades personales.

Para lograr un buen nivel de confianza es necesario evitar todas aquellas ideas o pensamientos que en un momento difícil pueden aparecer, cuyo contenido fomenta la disminución de la autoestima o que, por su carácter pesimista o derrotista, fomentan la inseguridad.

La inseguridad en uno mismo, cuando adquiere una presencia continuada y perseverante, es un síntoma característico de muchos trastornos de personalidad o de otros trastornos psicopatológicos que, a su vez, originan y mantienen numerosos conflictos psicológicos, dañando profundamente la estructura de la personalidad[117].

---

[117] Véase el capítulo «La seguridad en uno mismo».

Ser oportuno

Debemos encontrar el modo y momento adecuado para plantear cada cuestión. Muchas discusiones, fracasos y negativas de los demás son, simplemente, fruto de la inoportunidad.

La impaciencia es en este asunto una gran enemiga. Promovida por el gran interés que algo suscita personalmente, por la necesidad interior de obtener rápidamente una respuesta, de comunicar algo imperiosamente..., hace que se olvide la situación concreta del otro, que puede estar, a su vez, preocupado o interesado por otros temas, cansado, disgustado, poco receptivo, que ese tema puede no interesarle, etc.

Para ser oportuno es necesario intentar comprender mejor la situación en que se encuentran los demás en cada momento, y tener paciencia, sabiendo esperar hasta que surja el instante idóneo para abordar lo que se desea.

Saber disfrutar de las pequeñas cosas

No se debe caer en el error de desear solamente lo que no se tiene, o de apreciar solamente lo caro, lo raro, lo lejano, lo difícil de conseguir. Se puede disfrutar mucho con cantidad de cuestiones sencillas y accesibles a todo el mundo: una puesta de sol, un aroma especial, un sabor, un paisaje urbano, un paseo, una conversación... La clave está en una actitud de redescubrimiento del mundo, de los demás, de contacto directo con la naturaleza en todas sus facetas.

Saborear estas cosas pequeñas y cercanas suele producir importantes satisfacciones en el día a día, que facilitan un mayor sosiego interior. Por el contrario, la ansiedad por lograr solamente objetos de consumo, de disfrutar solamente de lo refinado, de lo casi inaccesible, facilita la ansiedad, la frustración y la insatisfacción.

Evitar una excesiva influenciabilidad

Los efectos del influjo de personas concretas, grupos sociales, de los medios de comunicación, etc., no pueden ser tan importantes como para poder modificar los criterios propios de un modo excesivamente frecuente o arbitrario. Esto suele provocar giros bruscos en los planteamientos personales, con el subsiguiente comportamiento inestable.

Para no ser demasiado influenciable, hay que ir desarrollando paulatinamente, a lo largo de la vida, una cierta capacidad de crítica a la hora de enjuiciar las opiniones o informaciones que van llegando del exterior, contrastándolas con los argumentos de todas las otras que se han conocido anteriormente. Esto no se puede improvisar, implica lograr una formación intelectual de cierta solidez, en la que la cultura juega un papel verdaderamente importante, ya que constituye, junto con el aprendizaje que aporta la reflexión sobre las experiencias vividas —por uno mismo o por personas del entorno próximo—, la principal fuente a partir de la cual se pueden establecer criterios personales que eviten quedar desamparado frente a cualquier influencia.

No crear en los demás expectativas que no se podrán cumplir

Como consecuencia de un escaso realismo o de una intención puramente momentánea, en la que no se han valorado realmente las propias capacidades o las consecuencias de una determinación, se pueden hacer promesas o crear en los demás una serie de expectativas que luego no se podrán cumplir.

Después se renuncia a llevar esto a efecto o bien se llega a situaciones personales insostenibles en el vano intento de realizar lo prometido, que pueden derivar en agresividad o reproches hacia esas personas, haciéndolas responsables de una situación que ellas no han creado. En ambos casos se provoca en ellas una sensación de frustración y desengaño que termina produciendo, cuando menos, un distanciamiento afectivo.

Para no crear en los demás falsas expectativas es necesario medir en cada momento las posibilidades propias. Saber no solamente lo que se desea hacer, sino también lo que se puede ser capaz de hacer a corto, medio o largo plazo, procurando crear en los demás únicamente expectativas realistas, fáciles de cumplir. No obstante, después se puede intentar realizar aún más de lo que en un principio se ha sugerido.

Intentar concluir lo que se ha comenzado

Dejar con frecuencia tareas a medias tiene muchos inconvenientes. Se pierde tiempo y se realiza un esfuerzo inútil. Es un síntoma de versatilidad y falta de constancia, que a su vez favorece que se perpetúen estas dos características, alimentando además los sentimientos de frustración.

Como regla general es preferible no empezar aquello de lo que no se está seguro de poder terminar, procurando hacer lo posible por finalizar las actividades emprendidas. No obstante, en algunas ocasiones es necesario abandonar aquellas actividades que se terminan manifestando de un modo distinto al previsto, por su gran dificultad, inutilidad o porque circunstancias inesperadas imposibiliten su ejecución.

No estar excesivamente pendiente de agradar a todos

Es imposible agradar a todo el mundo. Hay que distinguir entre un trato amable y correcto, y lo que es un excesivo afán de intentar agradar a todos. En este último caso se puede terminar acosando a los demás con un exceso de atenciones o cumplidos, que pueden terminar resultando agobiantes, pesados y molestos.

Un exagerado interés por agradar a los demás suele deberse a inseguridad en uno mismo o a sentimientos de inferioridad. Se intenta conseguir la aprobación de todos los otros para, de este modo, incrementar una autoestima baja. Sin embargo, esta fuente casi exclusiva de autovaloración provoca frecuentemente frustraciones, ya que estas personas comprueban con cierta frecuencia cómo obtienen el rechazo de los demás, a pesar de haberles colmado de atenciones, lo cual refuerza su inseguridad e inferioridad, cerrándose un círculo vicioso. Estos comportamientos son típicos de algunos trastornos de la personalidad[118].

Por tanto, es preferible comportarse con los otros con espontaneidad y naturalidad, dentro de un clima de prudencia elemental y amabilidad, pero sin atosigarles, favoreciendo el clima más distendido posible para que puedan sentirse simplemente cómodos, sin dar demasiada importancia a la opinión o juicio que puedan estar formándose en su interior.

No caer en ideas sobrevaloradas

Se denominan sobrevaloradas aquellas ideas a las que se les da una importancia desmesurada, de tal modo

---

[118] Véase la segunda parte de esta obra, particularmente los capítulos «La personalidad histérica» y «La personalidad narcisista».

que todo o casi todo queda supeditado a las mismas, quedando el resto en un segundo plano. Estas ideas pueden conducir a planteamientos o comportamientos fanáticos, por los que todo parece válido con tal de lograr su ejecución.

Las ideas sobrevaloradas pueden expresarse en todos los campos. Pueden hacer referencia a ideales físicos, psíquicos, estéticos, políticos, jurídicos, económicos, religiosos, sociales, etc. Cuando se instalan en alguien atrapan el núcleo de su personalidad, quedando ésta totalmente a su merced. Puede ser difícil darse cuenta de que se posee una idea sobrevalorada, ya que junto a ella se desarrollan una serie de mecanismos de justificación que la mantienen por encima del resto de los intereses naturales de la vida que, además, quedan ensombrecidos o anulados, por igual que sucede con las pasiones.

Para no caer en ideas sobrevaloradas es necesario no perder de vista otros intereses esenciales que puedan tener una orientación contrapuesta y mantener un equilibrio entre lo racional y lo afectivo a la hora de abordar estos planteamientos, con el fin de no perder objetividad.

Hacer una buena distribución del tiempo

El tiempo de cada uno es algo verdaderamente importante; al fin y al cabo el tiempo es la propia vida y no se puede desperdiciar. Organizarse bien para no perderlo facilita el poder cumplir con todas las obligaciones personales y, a la vez, tener más ratos de ocio.

Para lograr una buena distribución del tiempo es importante evitar esos ratos muertos, esos espacios intermedios entre actividad y actividad, para lo cual es necesario hacer previamente una organización planificada de las diversas actividades diarias, procurando que éstas se desarrollen de un modo secuencial a lo largo del día. Si a pesar de todo es inevitable que queden algunos espacios de tiempo intermedios, éstos se pueden ocupar con actividades breves planificadas de antemano (leer el periódico, la correspondencia, aprender más vocabulario de un idioma, una llamada de teléfono, etcétera). Todo menos estar sin saber qué hacer, yendo de aquí para allá sin objeto, ya que esto favorece la ansiedad, la insatisfacción o el aburrimiento.

También es importante distribuir el tiempo de modo que no se desatiendan por falta de éste, o mejor por su mala distribución, algunas cuestiones que, considerándolas importantes, pueden caer, de un modo casi imperceptible, en el abandono. Conviene dedicarles un cierto tiempo sistemáticamente al día, al mes o al año, dependiendo de lo que se trate.

Poderlas atender es más un problema de organización, de pereza o de hábito, que de auténtica falta de tiempo, aunque ésta sea la excusa más esgrimida. De hecho todo el mundo conoce personas a las que «les da tiempo a todo». Con media hora diaria no se pierde el hábito de la lectura, siempre hay un rato para poder ir conservando una amistad, para estar al día en ciertos conocimientos, para hablar con la familia, para mejorar la cultura personal en sus distintas facetas, para descansar, para hacer algo de deporte, etc. Esto además produce una gran satisfacción de fondo. Es natural, se está aprovechando bien la propia vida.

Saber tomar la iniciativa

Muchas ocasiones se pierden por falta de iniciativa. Una actitud excesivamente pasiva, de permanente espera a que los demás actúen de un modo determinado o den un primer paso, suele resultar poco eficaz y muchas veces frustrante. Este problema, referido al terreno social, es muy frecuente entre las personas con dificultades asertivas[119].

Hay que tomar la iniciativa cuando se desea resolver o precipitar un acontecimiento, ya que de otro modo es muy posible que no suceda lo esperado. Hay que hacerlo con decisión, sin miedo al fracaso, pero a la vez con paciencia y prudencia, buscando el momento más oportuno, aunque sin esperar unas circunstancias tan idóneas que nunca se lleguen a producir.

Tener un adecuado nivel de exigencias

No siempre es fácil encontrar el término medio en lo que se refiere a las exigencias personales. Exigirse poco conduce a unos resultados mediocres en relación con las propias capacidades, lo que a largo plazo favorece los sentimientos de frustración, ya que de un modo más o menos consciente se sabe que se podría haber llegado más lejos fácilmente.

Exigirse demasiado hace que se esté con frecuencia en situaciones sumamente difíciles, que implican una excesiva tensión emocional, en las que además se suele terminar fracasando. Esto favorece el estrés, y cuando la situación se prolonga lo suficiente se suelen añadir además algunos trastornos por ansiedad o depresión.

El nivel de exigencias adecuado se sitúa, generalmente, un poco por encima del nivel de dificultad que se ha demostrado ser capaz de superar en ocasiones anteriores. Lo ideal es planteárselo de un modo progresivo, cada nueva vez la exigencia debe ser ligeramente superior, con lo cual es muy probable que se con-

---

[119] Véase el capítulo «Las habilidades sociales o asertividad».

siga un paulatino entrenamiento y una mayor experiencia, que permitan ir afrontando con éxito retos mayores, al tiempo que se facilita un desarrollo más pleno y expansivo de la personalidad.

Tener una escala de prioridades

Hay cuestiones que son, de un modo transitorio o permanente, incompatibles entre sí. La dedicación a una o su obtención impide la de la otra. Por eso es necesario tener criterios de preferencia por los cuales se pueda conocer cuál de las dos es más importante. De este modo se posee una guía que facilita la decisión a tomar y la resolución del problema en los casos en que se produce un enfrentamiento de intereses, quedando más orientado y libre de influencias o presiones circunstanciales. Además, tener una escala de prioridades facilita los comportamientos estables, dejarse conocer por los demás, que éstos sepan a qué atenerse y, por tanto, el trato y la convivencia con ellos.

Tener un proyecto adecuado de vida

Esto es, saber lo que se quiere hacer con ella y en ella. Si este proyecto no se ha estructurado lo suficiente a la edad adulta, se produce una cierta desorientación existencial, se vive sin rumbo, a merced de la circunstancia más insignificante. Por otra parte, el proyecto debe reunir tres características fundamentales: ser suficientemente genérico, interesante y realista.

Ser suficientemente genérico como para no estar sujeto a objetivos excesivamente concretos, ya que éstos no se suelen conseguir en su conjunto, debido a lo imprevisible del futuro. Un proyecto así resultaría demasiado rígido, dificultando la adaptación a las distintas circunstancias, con lo cual en su propia estructura se encontraría la causa de su fracaso.

Debe tener un interés, profundidad e importancia como para que verdaderamente merezca la pena. Muchas personas sienten que han fracasado después de haber conseguido realizar su proyecto personal; es entonces cuando se dan cuenta de que realmente no era algo tan valioso como pensaban. Esta situación es particularmente frecuente en personas cuyos proyectos se han basado sustancialmente en objetivos materiales, tanto más si a esto se añade el haber descuidado, por este afán, otros asuntos de la vida de mayor relevancia.

Por último, tiene que ser lo suficientemente realistas como para poder llevarlo a cabo en la práctica, al menos como para conseguir aproximarse bastante a sus objetivos esenciales. De otro modo se fracasará rotundamente como consecuencia de esos planteamientos excesivamente idealistas.

Tener unos criterios propios sólidos y estables, y actuar en congruencia con ellos

Cuando se alcanza la madurez de personalidad se deben tener ya una serie de sólidos criterios personales capaces de orientar la dirección a seguir en la vida. Estos pueden cambiar posteriormente, si existen argumentos nuevos suficientes, pero lo característico es que sean estables, que no se modifiquen con excesiva facilidad o frecuencia, por la menor influencia o por sucesos meramente circunstanciales.

Una vez establecidos estos criterios lo lógico es intentar comportarse en cada momento de acuerdo con ellos. En caso contrario se crea una discordancia interna entre lo que se es y lo que se debe ser, que genera una gran angustia y desasosiego interior, que acompañan a los sentimientos de despersonalización [120]. En algunos casos esto puede llevar a modificar los criterios propios, no porque se consideren poco válidos, sino para poder justificarse y adecuar los criterios a la acción, intentando de este modo apaciguar la angustia que crea este tipo de situaciones. Este mecanismo de defensa fracasa a la larga, ya que carece de verdadera consistencia, dando lugar a una absoluta desorientación existencial.

Rectificar cuando sea necesario

Como pauta general es conveniente seguir un criterio propio, procurar llevar al éxito una decisión tomada, mediante tesón, tenacidad y constancia, sin desanimarse rápidamente cuando surge la primera dificultad. Sin embargo, hay ocasiones en las que en el desarrollo de una cuestión se puede observar con bastante claridad que se trataba de un planteamiento equivocado; entonces es preferible rectificar la dirección tomada inicialmente, cambiar de opinión, retroceder o abandonar una empresa que no parece conducir a lo que en un principio se suponía.

La obcecación es tan perjudicial como la inconstancia o la excesiva versatilidad de criterio. Para no caer en ella conviene revisar de cuando en cuando los argu-

---

[120] La despersonalización es la sensación de extrañeza hacia uno mismo, de no reconocer plenamente la propia identidad del «yo», debido a diversos motivos, en este caso, a que los comportamientos se viven como extraños a la propia personalidad, contrarios a los que íntimamente se desean como consecuencia de su discordancia con los criterios que se han ido forjando a lo largo de la vida. A veces, la despersonalización puede afectar también a la unidad del «yo», causando la sensación de que éste se divide en dos o más personalidades de características no sólo distintas, sino contrarias.

mentos y perspectivas iniciales, procurando obtener una visión amplia, imparcial, serena, racional y objetiva, para lo que puede ser útil el contraste de opiniones con alguna persona capacitada y de confianza. A veces es preferible renunciar cuanto antes a un imposible, admitir un error a tiempo, para rectificar antes de que las consecuencias del mismo sean más graves.

Buscar la satisfacción en el trabajo

La mayoría de las personas dedican una gran parte del tiempo de su vida a trabajar. Que este trabajo sea más o menos satisfactorio depende de muchos factores externos, pero también influye la actitud personal. Es necesario intentar disfrutar de sus aspectos positivos, tomarlo con suficiente interés, vivirlo como una tarea propia, a través de la cual se pueda lograr el desarrollo personal, la integración social y una proyección acorde con el sentido individual de la vida. El hombre absorbido por un quehacer noble y lleno de sentido, será muy difícil que se sienta infeliz, dice Rojas[121]. Noble quiere decir aquí que no sólo cumple un objetivo personal, sino que se es capaz de abrirse a los demás en un servicio, en un servicio profesionalizado, con competencia y rigor.

Aprovechar bien el tiempo de ocio

En la actualidad es frecuente comprobar cómo para algunas personas el tiempo de ocio es pura pasividad insulsa e infructuosa, mera posibilidad de consumo, al que se puede añadir una absurda prolongación del estrés cotidiano, o simple búsqueda del placer.

Algunos utilizan sitemáticamente su tiempo de ocio para no hacer absolutamente nada, entregándose por

---

[121] E. ROJAS, *Una teoría de la felicidad*, Dossat, Madrid, 1987.

completo a la pereza, a una total pasividad, dentro de un malentendido concepto del descanso, con lo que entorpecen su enriquecimiento intelectual y afectivo. En otros casos el ocio sólo sirve para poder consumir más; así vemos personas que solamente lo utilizan para acudir a centros de consumo, a lo que se puede añadir el caer en una serie de obligaciones autoimpuestas, muchas veces como fórmulas diferentes de consumo, que terminan resultando agobiantes.

El ocio se gasta en pasar largos ratos en una cola, en intentar aparcar el coche, en el atasco circulatorio típico de los accesos de las grandes ciudades. Se crea ansiedad como consecuencia del temor a llegar tarde al cine o al concierto, a una reserva, etc. De este modo no se logra ningún descanso desde el punto de vista psicológico, todo lo contrario. Otros se limitan a buscar la mera satisfacción sensual, o se cae en el abuso del alcohol o en el consumo de drogas, para intentar encontrar una evasión o una mayor satisfacción artificial durante esos períodos.

En la Grecia clásica se consideraba sabiamente al ocio como el tiempo en el que el hombre, dejando transitoriamente sus tareas manuales o laborales, podía pensar, crear, enriquecer su personalidad, desarrollarse en los aspectos humanos de más alto nivel. Hay que entender el ocio en este sentido. Dedicarlo a estrechar los lazos afectivos, a conocer a otras personas, a reflexionar, a mejorar el nivel cultural propio, a descansar, a crear, a disfrutar de la naturaleza, del arte, de cosas sencillas, de una buena conversación, de algo interesante, nuevo y desconocido; pero sin prisas, sin agobios, sin artificios, sin afanes puramente consumistas.

Dedicar tiempo a la cultura

La cultura tiene un valor formativo y enriquecedor de la personalidad. Amplía los propios puntos de vista a la vez que facilita la comprensión de los otros.

Además, la cultura dificulta la posibilidad de ser manipulado por los medios de comunicación o por otras personas, aumentando la capacidad de juicio crítico personal. De este modo aproxima al hombre al auténtico conocimiento de los aspectos esenciales de la vida, desempeñando un importante papel orientador en el desarrollo de la misma[122].

La auténtica cultura no consiste en una acumulación de datos informativos. La información solamente puede ser, cuando procede de fuentes no sesgadas, una de sus vías de acceso. La cultura es fruto de la reflexión personal, es el poso interior que se va formando tras la aproximación sucesiva a las fuentes de conocimiento, permitiéndole al hombre adentrarse progresivamente en el mismo[123].

La cultura no tiene límites. Siempre se puede tener una cultura mayor. Para lograrlo es necesario dedicarle diariamente un cierto tiempo, poco o mucho según las disponibilidades personales. La aproximación debe ser crítica, variada y concéntrica, comenzando por sus aspectos más elementales, que procedan de fuentes diversas y de calidad, para continuar profundizando progresivamente en cada uno de ellos.

Hacer una vida sana

Es conocido desde siempre que una vida sana favorece una personalidad sana. Son convenientes las comidas regulares, moderadas y equilibradas, evitando el

---

[122] El doctor Rojas es uno de los psiquiatras que más ha insistido en la importancia de la cultura en el desarrollo de la personalidad, considerándola incluso esencial para la libertad y felicidad humanas (véase E. ROJAS, *Una teoría de la felicidad,* Dossat, Madrid, 1990).

[123] Véase en este sentido JAVIER DE LAS HERAS, «El hombre y la cultura», en *Guía práctica de psicología,* dirigida por J. A. Vallejo-Nágera (Temas de Hoy, Madrid, 1988).

abuso de alcohol, tabaco, sustancias estimulantes y todo consumo de drogas. Es también importante dormir lo necesario, siguiendo un ritmo horario parecido y lo más ajustado al propio ciclo del día. Se debe hacer suficiente deporte como para evitar los efectos del sedentarismo, y ejercitar regularmente, al menos, los hábitos higiénicos elementales.

Saber disfrutar de la vida

Debemos procurar aprovechar, sacar partido a lo que la vida ofrece en cada instante, buscando, profundizando en lo que cada faceta de la realidad pueda tener de interesante, lo cual no supone perder el horizonte de la propia responsabilidad, sino saber estar dedicado a una actividad en cada momento, enfrascado plenamente en ella y sólo en ella, sabiendo que habrá otros ratos para las demás. Disfrutar de la vida es dirigir y utilizar bien el propio tiempo, estar pendiente de lo presente y no de lo ausente, de lo que se tiene y no de lo que falta, saboreando y compartiendo las ventajas de cada situación, de cada etapa. En todas hay algo de positivo que puede desaparecer con ellas.

BIBLIOGRAFÍA

ADLER, A.: *El carácter neurótico,* Paidós, Buenos Aires, 1952.

AJURIAGUERRA, J., y MARCELLI, D.: *Manual de psicopatología del niño,* Masson, Barcelona, 1987.

ALLPORT, G. W.: *La personalidad: su configuración y desarrollo,* Herder, Barcelona, 1986.

ALLPORT, G. W.: *Personality: a psychological interpretation,* Holt, Rinehart & Winston, Nueva York, 1937.

ALONSO FERNÁNDEZ, F.: *Fundamentos de la psiquiatría actual,* Paz Montalvo, Madrid, 1979.

ALONSO FERNÁNDEZ, F: *Compendio de Psiquiatría,* Oteo, Madrid, 1978.

BAILON, M.; CAÑAS, F.; DE LAS HERAS, J.; LÓPEZ-IBOR, J. J.; POLAINO-LORENTE, A., y POVEDA, J. M.: *No te rindas ante la depresión,* Rialp, Madrid, 1989.

BANDURA, A., y WALTERS, R. H.: *Social learning and personality development,* Holt, Rinehart & Winston, Nueva York, 1963.

CASARES, J.: *Diccionario ideológico de la lengua española,* Gustavo Gili, Barcelona, 1959.

CIE-10: *Trastornos mentales y del comportamiento,* Organización Mundial de la Salud, Meditor, Madrid, 1992.

DAVIS, M.: *Técnicas de autocontrol emocional,* Martínez Roca, Barcelona, 1986.

DICAPRIO, N. S.: *Teorías de la personalidad,* Interamericana, México, 1983.

DSM-IV: *American Psychiatric Association,* Washington, 1994.

DUEÑAS, M.; DE LAS HERAS, J.; POLAINO-LORENTE, A., y ROJAS, E.: *El libro de los test (De autoconocimiento y trastornos psicológicos),* Temas de Hoy, Madrid, 1993.

EYSENCH, H. J.: *Dimensions of personality,* Routledge & Kegan Paul, Londres, 1947.

EWEN, R. B.: *An introduction to theories of personality,* Academic Press, Nueva York, 1980.

FREEDMAN, A. M.; KAPLAN, H. I., y SADOCH, B. J.: *Tratado de psiquiatría,* Salvat, Barcelona, 1982.

FREUD, S.: *La sexualidad en la etiología de las neurosis,* en *Obras Completas,* Ed. Biblioteca Nueva, t. I, Madrid, 1981.

HALL, C. S., y LINDZEY, G.: *Theories of personality,* Wiley, Nueva York, 1978.

DE LAS HERAS, J.: *Patobiografía de lord Byron,* Tesina de licenciatura, Universidad Complutense, 1984.

DE LAS HERAS, J.: *Prevención del suicidio,* Editorial de la Universidad Complutense, Madrid, 1987.

HOVLAND, C. I., y JANIS, L. L.: *Personality and persuasibility,* en *Yale studies in attitude and communication* (vol. II), Yale University Press, Nueva Haven, 1959.

KRETSCHMER, E.: *Constitución y carácter,* Labor, Barcelona, 1961.

LERSCH, PH.: *La estructura de la personalidad,* Scientia, Barcelona, 1974.

LEVY, L. H.: *Conceptions of personality,* Random House, Nueva York, 1970.

LÓPEZ-IBOR, J. J.: *Lecciones de Psicología Médica,* Paz Montalvo, Madrid, 1973.

MARAÑÓN, G.: *Manual del diagnóstico etiológico,* Espasa Calpe, Madrid, 1961.

MARAÑÓN, G.: *Amiel,* Espasa Calpe, Madrid, 1963.

MASLOW, A. H.: *Motivation and personality,* Harper & Row, Nueva York, 1970.

MAUROIS, A.: *Sentimientos y costumbres,* en *Obras Completas,* vol. V, Plaza y Janés, Barcelona, 1968.

MAUROIS, A.: *El profesor de Matrimonios,* en *Obras Completas,* Plaza y Janés, Barcelona, 1968.

MISCHEL, W.: *Introduction to personality,* Holt, Rinehart & Winston, Nueva York, 1981.

ORTEGA Y GASSET, J.: *Estudios sobre el amor,* en *Obras Completas,* vol. V, Alianza Editorial, Madrid, 1983.

POLAINO-LORENTE, A.: *Psicología patológica,* UNED, Madrid, 1984.

POLAINO-LORENTE, A.: *La agonía del hombre libertario. Claves antropológicas para la comprensión del hombre contemporáneo,* Ediciones de la Universidad de Piura, Madrid, 1987.

POLAINO-LORENTE, A., y DE LAS HERAS, J.: *Tus hijos y las drogas,* Palabra, Madrid, 1991.

ROJAS, E.: *El laberinto de la afectividad,* Espasa Calpe, Madrid, 1987.

ROJAS, E.: *Una teoría de la felicidad,* Dossat, Madrid, 1990.

ROJAS, E.: *Enciclopedia de la sexualidad y de la pareja,* Espasa Calpe, Madrid, 1991.

ROJAS, E.: *Remedios para el desamor,* Temas de Hoy, Madrid, 1992.

ROJAS, E.: *El hombre light,* Temas de Hoy, Madrid, 1992.

SARGANT, V. W.: *Battle for the mind,* Doubleday, Nueva York, 1957.

SCHNEIDER, K.: *Patopsicología clínica,* Paz Montalvo, Madrid, 1975.

SHELDON, W. H., y STEVENS, S. S.: *Las variedades del temperamento,* Paidós, Buenos Aires, 1960.

SPRANGER, E.: *Lebensformen. Geisteswissenschaftliche psychologie und ethik der persönlichkeit,* Halle, 1930.

STERN, A.: *Psychoanalytic investigation of and therapy in the borderline group of neurosis,* Psychoanalytic Quarterly 7 (467-489), 1938.

TELLENBACH, H.: *La Melancolía,* Morata, Madrid, 1976.

VALLEJO-NÁGERA, J. A.: *Guía práctica de psicología,* Temas de Hoy, Madrid, 1988.

WATSON, J. B.: *Behaviorhism,* University of Chicago Press, 1958.

WEISBERG, R. W.: *Creatividad. El genio y otros mitos,* Labor, Barcelona, 1987.

ZUBIN, J., y HOCK, P.: *Depression: Proceeding of the American Psychopatological Association,* Grune & Stratton, Nueva York, 1954.

ÍNDICE ONOMÁSTICO Y TEMÁTICO